LATOVRNELLE
LE TERRAIN
S·VITOR
LES BERNARDINS
R·DES BERNARDINS
R·S·NICOLAS
R·DES CARMES
R·S·IEHAN DE BEAVVAIS
LA GRANT·R·S·IAQVES
R·DE SORBONNE
S·COME
R·PAVEE
R·DES AVGVSTINS
PORTE DE BVCI
LOSTEL DE NELLE
LE PONT NOSTRE DAME
LE PONT AV MVNIERS
LOSTEL DE BOVRBON
R·S·POL
R·DV IARDIN
LA MORTELLERIE
LE PORT AV FOIN
LE FOVR LEVESQVE
R·DES RAS
R·DV BON PVIS

PAUL MORAND

PARIS

PAUL MORAND
Mitglied der Académie française

PARIS

Bildkommentare von
RAYMOND CHARMET

VERLAG C. J. BUCHER, LUZERN UND FRANKFURT/M

Aus dem Französischen von
Fritz Flüeler und Xaver Schnieper

Sonderausgabe 1980 nur für
die BRD und Oesterreich

Graphische Gestaltung: H. F. Kammermann
Printed in Germany 1980

ISBN 3765803308

Vom Mittelalter zur Dritten Republik

Blick vom Hôtel de Ville auf Notre-Dame. Anonymer Stich ca. 1630.

Zwischen den Händlern, Kaufleuten und Handwerkern, die sich auf dem rechten Ufer rings um die «Hallen» ansiedeln, und den zwanzigtausend Klerikern und Gelehrten der «rive gauche», des linken Ufers, beherrscht die zweitürmige Notre-Dame die Cité. Gerne ruft man sich in Erinnerung, daß für die neue Kathedrale zwei alte Kirchen weichen mußten, die ihrerseits über einen Altar erbaut worden waren, den Pariser Schiffsleute zur Zeit des Kaisers Tiberius dem Jupiter errichtet hatten; und nicht weniger erinnernswert ist die Tatsache, daß zum Bau von Notre-Dame polierte Steine aus römischen Arenen des zweiten Jahrhunderts verwendet wurden. Der Architekt dieses Meisterwerkes, das mit der Langsamkeit eines Baumes wuchs, ist unbekannt. Die Arbeiten dauerten zwei Jahrhunderte: Am Ende des 12. Jahrhunderts wird der Hauptaltar geweiht, 1220 werden die Türme endlich fertig und fünf Jahre später die berühmte Rosette. Im 14. Jahrhundert geht der Bau seiner Vollendung entgegen.

Weil Haussmann* sechs Jahrhunderte später an eine Verschönerung glaubt, läßt er – ach! – die Umgebung wegfegen. Um die fatale Verschönerungspolitik des Zweiten Empire, auf die noch zurückzukommen ist, zu verstehen und um Notre-Dame in den echten Rahmen zurückzuversetzen, genügt es, das Manuskript der «Chroniques» von Froissart* einzusehen. Darin läßt uns der Illuminist von 1385 eine Kathedrale erblicken, die eine Cité mit ihren an aufgereckte Lanzen gemahnenden Glockentürmen und Mauerzinnen unter ihren Schutz nimmt. Alles wurde unter Napoleon III. niedergerissen, ausgejätet, eingeebnet: Saint-Jean-le-Rond, Saint-Pierre-aux-Bœufs, Saint-Christophe, Sainte-Geneviève-la-Petite, Saint-Martial, Saint-Landry, Saint-Denis-de-la-Chartre wurden durch Scheußlichkeiten wie das neue Hôtel-Dieu, das Handelsgericht und unsere Polizeipräfektur ersetzt.

Nach dem größten Pariser Monarchen, Philippe-Auguste, der Paris mit einer berühmten Ringmauer versieht, die vom Palais-Royal bis zur Bastille reicht und an der Seine endet, kommt Karl V.* (1337–1380), genannt der Weise; erhielt er diesen anspruchsvollen Beinamen, weil er die Bastille errichten ließ? Um den Wachturm von Philippe-Auguste baut er einen mächtigen Kreml, den neuen Louvre, wie ihn eine berühmte Miniatur des Stundenbuches des Herzogs de Berry in seiner ganzen Herrlichkeit zeigt: Im Vordergrund eggen Bauern ein Feld, das an die Seine grenzt; dahinter erhebt sich eine Mauer, die mit kleinen Türmen versehen ist; über dieser vorgeschobenen Verteidigung erhebt sich der neue Louvre, eine Masse, die mit Pechblenden, Vorsprüngen, Erkern, mit spitzen oder stumpfen Winkeln durchsetzt ist, alles von fast zwei Dutzend Türmen überragt, die kaum je von Schießscharten durchbrochen sind, von Türmen mit schönen Namen wie de l'Armoirie, de la Fauconnerie, de la Librairie, du Bois, de l'Ecluse, de l'Artillerie. Karl V. hatte eine berühmte Bibliothek gesammelt, die während des Hundertjährigen Krieges vom Regenten Bedford nach London gebracht worden war. Man spürt das Königtum, das für Jahrhunderte hier etabliert war. Von dieser mittelalterlichen Stadt Karls V. blieb zweifellos, wie Georges Pillement* schreibt, weniger übrig als vom Rom des Augustus.

Kehren wir im Geiste nochmals auf den Pont des Arts zurück, um die Augen auf die Seine zu richten und von vergangenen Jahrhunderten zu träumen: Man glaubt dann alle Schiffe der Stadtwappen schwimmen zu sehen, das Schiff mit einem Mast des Jahres 1200, das des 16. Jahrhunderts mit zwei Masten, das des Ersten Kaiserreichs mit einem Mast, das der Restauration und Napoleons III. mit drei Masten, das der Dritten Republik wiederum mit einem Mast. Wir vergegenwärtigen kaum mehr das tätige Leben der Seine, wie man es auf alten Stichen erblickt, mit den Häfen für die Weine, mit den Häfen für das Heu, mit den Fähren samt ihren Fergen. So schön das jetzige Hôtel des Monnaies und das Institut de France sein

Der Pont au Change mit seinen Aufbauten, rechts die Conciergerie. Anonymer Stich aus dem 17. Jahrhundert.

Blick auf Notre-Dame und die Ile Saint-Louis. Stich von Gabriel Perelle (1603–1677).

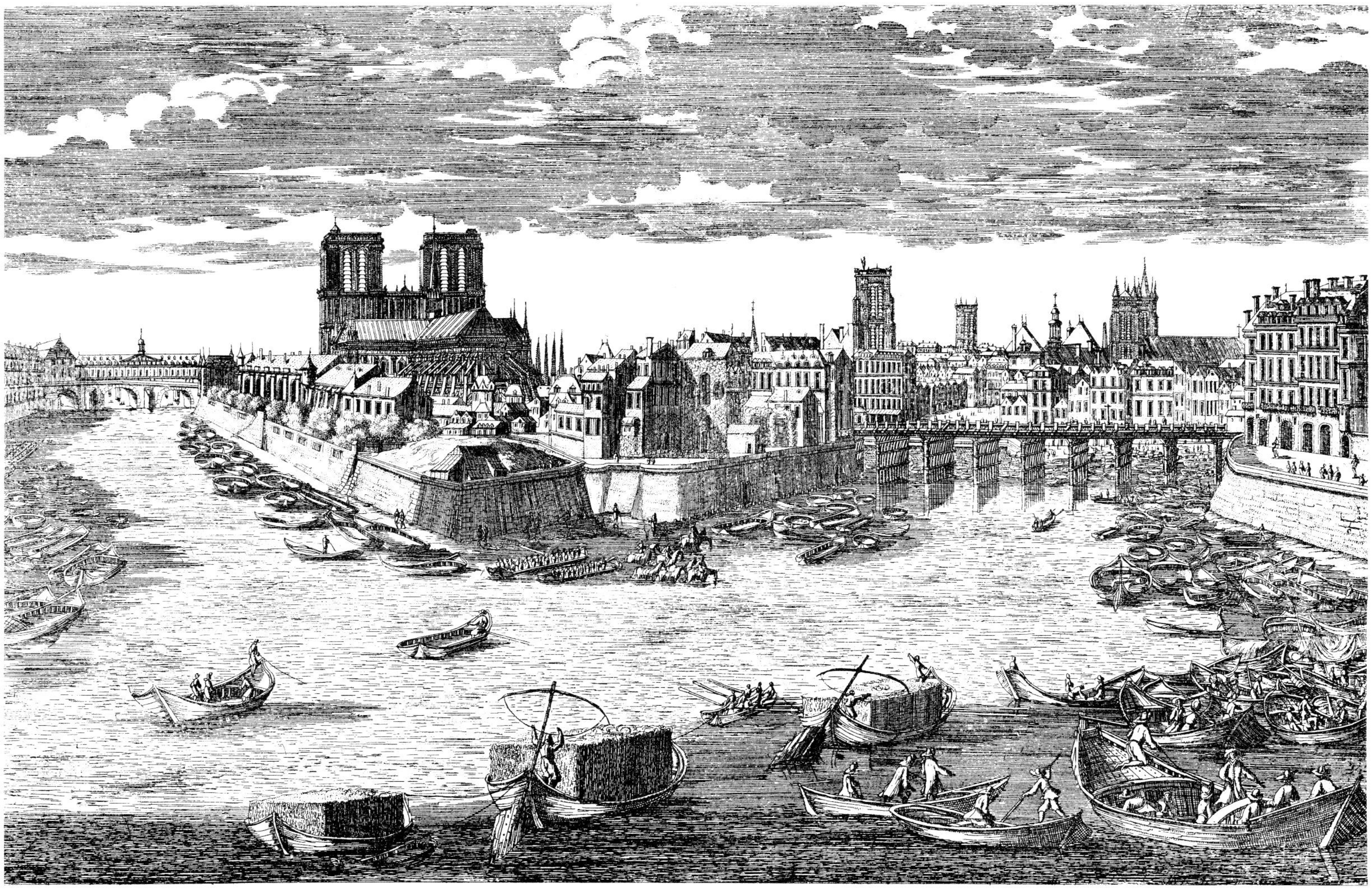

mögen, so vermißt man doch jenes Hôtel de Nesle, das einer Sepiazeichnung von Victor Hugo oder gar einem Hering-Bild von Buffet glich: Damen mit mißlicher Reputation haben dort gewohnt: Isabeau de Bavière*, die Prinzessinnen des Hauses Nevers und die Königin Margot*. Was gäbe man dafür, wenn das große und das kleine Nesle, wie sie durch Callot graviert worden sind, unbeschädigt erhalten geblieben wären!

Mit Heinrich IV. beginnt in Paris das Zeitalter der städtebaulichen Planung. Allmählich verschwindet die Stadt der Gaukler, der Büßer, der Blau- und Rotkäppchen, das Paris der dreihundert Straßen, die von Guillot in seinem Führer «Les Plaisirs de la Capitale» aufgezählt werden. Überall, wo der Schatten herrschte, wurde Licht. Die vielen lanzenartigen Kirchtürme, die Spitzdächer und gotischen Giebel wurden im Zeichen einer neuen, aus Italien importierten Architekturform umgestaltet. Manches Wertvolle wurde zerstört, so auf Geheiß von Franz I. der alte Louvre, der im «Wald der Wölfe» stand, was ihm den Namen gab.

Was bleibt uns aus jenem Paris, dem Paris vor der Renaissance? Wenig: das Hôtel de Sens, das Hôtel de Cluny, das Hôtel de Clisson, die Türmchen der Rue Hautefeuille und von den Kirchen und Klöstern Notre-Dame, der Turm Saint-Jacques, Saint-Merri, Saint-Julien-le-Pauvre, Saint-Gervais, Saint-Séverin, Saint-Germain-des-Prés, Saint-Nicolas, Saint-Eustache, die Cordeliers, die Bernardins, die Küchen von Saint-Louis und die arme Sainte-Chapelle, die durch die Pas-perdus* und die Togen der Advokaten versteckt wird. Hier fanden die Turniere statt. Andere Hinterlassenschaften, die an den guten König Heinrich erinnern: der Marais, die Place Dauphine, der Luxembourg, die Place Royale (oder Place des Vosges). Als jedoch Heinrich II.* beim Lanzenstechen getötet wurde, wollte die abergläubische Katharina von Medici* nicht mehr hier leben und zog ins Hôtel de Soissons und dann in die Tuilerien, die sie als Verlängerung des Louvre erbauen ließ. Unter Heinrich IV. erhielt der Platz seine jetzige Gestalt, mit zwei Schlößchen im Norden und Süden – Schlößchen des Königs und der Königin –, an die sich wie ein Ordensband mit geschliffenen Rubinen die großartige Folge von sechsunddreißig anderen Gebäulichkeiten lehnt. Ach, dieses Wunder zerbröckelt, wird zur Ruine, wird morgen zum Einsturz kommen. Die Bäume sind hinter Gittern eingeschlossen, wie in einem Gefängnis; eine unterirdische Garage zerstört ihre Wurzeln; ein entsetzlicher

Verputz in Himbeerfarbe verbirgt oft das herrliche Fleisch; namenlose Boutiquen verhäßlichen die Arkaden, deren schimmlige Wölbungen abblättern. Pierre Gaxotte* hatte recht, als er neulich im «Figaro» schrieb, daß die Place des Vosges «die Schande unserer Stadtplanung und die Herrschaft privaten Vandalentums» darstelle. Gleicher Art wäre auch die Entrüstung der Madame de Sévigné*, wenn sie ihr Geburtshaus wiedersähe...

Das Paris Ludwigs XIII.* (1601–1643) läßt schon das «Grand Siècle» ahnen. Es bereichert sich mit dem Jardin des Plantes, mit einem ersten Trasse der Champs-Elysées, mit einem Faubourg Saint-Honoré, der sich im Osten bis zum Faubourg Saint-Antoine verlängert und bald im Westen die Dörfer Roule und Ville-d'Evêque verschluckt: das ist die große Zeit des Marais – der Seine abgerungen –, und das unruhige Zeitalter der Satiren hebt an:

«Wohin ich gehen mag, muß ich die Menge spalten
Des Volks der Lästigen, die stetsfort sich entfalten»,

spottet Boileau*, und Scarron* stimmt mit ein:

«Ein Durcheinander von Häusern, und Dreck in allen Straßen...»

Die Fassade von Notre-Dame. Stich von Gabriel Perelle (1603–1677).

Anklagen, die zum Glück durch die Verse des Menteur* gemildert werden:

«Paris erscheint in meinen Augen als Land aus einem Roman.»

Paris beginnt sich nach Westen zu erstrecken. Die Cours-la-Reine erinnern Katharina und Maria von Medici an die «Cascine» von Florenz. Schon Fräulein de Scudéry* feiert diese Promenade à la mode im großen «Cyrus»: «Deine vier so breiten und so geraden Schattenalleen... wo die Damen abends in kleinen offenen Kabrioletts spazierenfahren.»

Nach dem Paris der Régence*, während der die spanische Frömmigkeit Annas von Österreich* die Frauenklöster, die Klöster der Feuillantinen, der Karmeliterinnen, der Benediktinerinnen, der Visitandinnen, der Ursulinerinnen vermehrt, versieht Ludwig XIV.* mit der Hilfe von Mansart* und von Perrault* die Hauptstadt mit großen runden oder rechteckigen Domen und läßt in Anlehnung an den Petersdom dem Hôtel des Invalides, der Sorbonne, der Kirche Saint-Joseph-des-Carmes, dem Hôpital du Val-de-Grâce, dem Institut de France, dem Observatorium vergoldete Kuppeln aufsetzen. Ludwig XIV. verwöhnt dieses Paris, ohne es zu lieben; seit der Fronde hat er Furcht davor; er läßt durch seine Polizei den Pöbel sorgfältig überwachen. Siegesbogen (Saint-Denis, Saint-Martin, Saint-Antoine) feiern die königlichen Eroberungen; Paläste der Geldleute erheben sich auf den Quais und im Marais, werden jedoch bald von ihnen verlassen, denn sie setzen sich in den neuen Faubourgs, in Saint-Germain oder Saint-Honoré, fest.

«Es gab damals in Paris an die hundert Hôtels, die der Beachtung ebenso würdig waren wie die schönsten Paläste von Florenz», hat Pillement richtig geschrieben. Mit den Kneipen und den übel beleumdeten Treffpunkten der Zeit Ludwigs XIII., mit den Gäßchen der Preziösen und den zweideutigen Straßen Kardinals de Retz* wird Schluß gemacht. Die Architekten Le Vau*, Mansart, Lebrun* sind beauftragt, überall für das Verbreitern, für das Vergrößern, für das Veredeln, für das Vergolden zu sorgen.

Die Bettler werden aus der Cour des Miracles* rücksichtslos vertrieben. Die Häuser auf den Brücken müssen abgerissen werden, damit der Blick auf den Louvre frei wird. Alte derbe Straßennamen werden behördlich abgeschafft, so beispielsweise die Rue des Mauvaises-Paroles (Straße der schlimmen Reden), Rue Vieille-Oreille (Straße der alten Ohrmuschel),

Rue Vallée-des-Misères (Straße zum irdischen Jammertal), Rue Motte-aux-Papelards (Straße zum Hügel der scheinheiligen Augenverdreher), Rue Troussevache (Straße der brünstigen Kühe). Dafür erhalten die neuen Quais fürstliche Namen, die auf kleinen Schildchen an allen Kreuzungen abzulesen sind: Bourbon, Anjou, Orléans, Béthune...

Die Pläne für den Ausbau der Stadt lösen sich in rascher Folge ab: nach dem Plan Bullet der Plan Bladel (1670), der Plan Jouvet de Rochefort (1672), der Plan Nicolas de Fer (1697), der Plan La Caille (1714). Sobald die Spanier Paris nicht mehr bedrohen, läßt Ludwig XIV. die Festungsgräben auffüllen, die unsere großen Boulevards werden; er gibt den Plätzen Raum: Place des Victoires, Place Vendôme, Place du Trône, Place du Palais. Diese Plätze lockern Paris auf. Aber auch die Wälder der Ile-de-France müssen sich dem Lebensgefühl des königlichen Hofes anpassen: Um die Jagd zu erleichtern, werden sie mit Alleen durchzogen, die jeweils an sternförmigen Kreuzungen zusammenlaufen; Obelisken werden aufgestellt, kleine Lusthäuschen erbaut. Unsere Könige haben wirtliche, wohnliche, gezähmte, zivilisierte Wälder erfunden. Marly, Rambouillet, Chantilly, Villers-Cotterêts, Compiègne, Sénart, Dreux, Armainvilliers, Fontainebleau – ein unvergleichlicher Gürtel, wie ihn keine andere Hauptstadt besitzt.

Die Régence* (1715–1723) und das Zeitalter Ludwigs XV.* (1723–1774) verschönerten trotz allgemeinen wirtschaftlichen Niederganges Paris mit der Ecole de médecine, mit der Kirche Saint-Sulpice und der Place Louis-XV; aber das unübertroffene Kleinod dieser Zeit schuf Jacques-Ange Gabriel*: die Klassik der Champs-Elysées. (Der gleiche Architekt baute auch in Versailles das wundervolle Rokokoschlößchen Petit-Trianon, das Ludwig XV. seiner Geliebten Jeanne-Antoinette Poisson, aller Welt bekannt als Marquise de Pompadour*, geschenkt hat.) Die Architektur der neuen Paläste, die während der Regierungszeit Ludwigs XV. in Paris entstanden sind, übte einen maßgebenden Einfluß auf ganz Europa aus; vor allem wurde es in Deutschland und Rußland Mode, die Pariser «Hôtels» als architektonische Vorbilder zu übernehmen. Dies gilt vor allem für das Hôtel Soubise (dient heute als Archiv), für das Hôtel Rohan, für das Hôtel Biron (das seit langem das Rodin-Museum beherbergt), ferner für das Hôtel de l'Elysée, d'Evreux genannt, und das Hôtel Matignon. Im selben Zeitalter beginnen in diesen und anderen «Maisons» geistvolle Frauen zu glänzen. Sie empfangen – man denke nur an die Damen Geoffrin*, du Deffand* und an das Fräulein Lespinasse* – in ihren Salons Gelehrte und Schriftsteller, so daß diese Häuser zu eigentlichen Umschlagstätten des Geistes werden, was auch für einige modische Cafés zutrifft, deren Namen in die französische Literaturgeschichte eingegangen sind: La Régence, Le Procope, Le Parnasse und andere. Die Gebrüder Goncourt* sind die Geschichtsschreiber dieser emanzipierten Frauen geworden und haben uns ihr Jahrhundert unübertroffen geschildert: das Paris des eleganten Komödienschreibers Pierre Marivaux* (1688–1763), das Paris des phantasiebegabten Hochstaplers und legendären Liebeshelden Giacomo Casanova* (1725–1798), das Paris der «Empfindsamen Reise» des Laurence Sterne* (1713–1768), der da schrieb, daß die Pariserinnen alle Rechte hätten und die Boutique das Königreich der Frau geworden sei, das Paris, wohin Fremde aus aller Welt hinströmten, wo Restif de la Bretonne* (1734–1806) verkündet, das Glück biete sich handgreiflich dar, und wo der Marquis de Sade* fordert, die Menschenliebe müsse gesellschaftsbildende Realität werden. Herzog Philippe von Orléans, der wegen seines Eintretens für die Ziele der Revolution den Zunamen «Philippe Egalité» bekam, machte sein Palais (wie heute der Herzog von Bedford) dem Publikum zugänglich.

Unter Ludwig XVI.*, noch vor dem Auszug der Bevölkerung in die Faubourgs, errichtet der Fiskus eine «chinesische Mauer», jene Mauer, die Paris zum Murren bringt, die Umgürtung der «Fermiers généraux» (1784). Die Ausgrabung der Ruinen von Pompeji schürt die Begeisterung für das antike Paris. Die klassischen Formen erfreuen sich zunehmender Gunst: in Saint-Sulpice, Saint-Philippe-du-Roule, in der Madeleine, im Panthéon von Soufflot*. Eine einzige moderne Note, die sehr englisch ist, erscheint beim Dorfe Monceaux im Garten von Philippe Egalité, der durch den köstlichen Carmontelle* entworfen wurde:

«Ich bescheinige dir, o Monceau, das ewig Grün deiner Gärten»,

schrieb Abbé Delille*.

Paris dehnt sich, streckt sich, verblüfft, verändert alles wie ein siegreicher Wildbach bei seinem Durchbruch. Weite sumpfige Gelände, das zukünftige Viertel Pépinière, das den ehemaligen Grundgütern der Ordensbrüder von Saint-Lazare abgewonnen wurde, wandeln sich hundert Jahre später zum Quartier d'Europe. Von da aus erklimmt die Stadt die Montmartrehöhen. Auf dem linken Ufer um die neue Ecole militaire herum erstrecken sich die großen Prachtsstraßen mit den ruhmreichen Namen Villars, Saxe, Ségur, Tourville, La Bourdonnais, La Motte-Picquet. Wie der zerstückelte Grundbesitz der Königin Margot den Faubourg Saint-Germain entstehen ließ, so werden die Gärten des Grafen d'Artois das zukünftige achte Arrondissement; Gemüsegärten, Laubschatten, Wasserspiele, prinzliche Grotten werden sich morgen Rue de Ponthieu, de La-Boétie, de Berri und d'Artois nennen. Zehntausend Häuser wachsen aus der Erde, man glättet die Unebenheiten des Bodens, man trägt die Erdhügel ab, den der Etoile, der Moulin, der Opéra und jenen von Saint-Roch.

Im Paris der Revolution ist alles Theater. Vier große Bühnen werden nie leer, auf dem Champ-de-Mars bietet das Hôtel de la Patrie das größte Schauspiel; die Revolution baut nur Tempel aus Karton; damit man Raum gewinnt, unterhöhlt man Paris, um die Reliquien der vergangenen Jahrhunderte unterzubringen. Das Ende der religiösen Orden, die Beschlagnahme der Güter der Emigranten, die Aufteilung des Kronbesitzes, das Verschwinden von Hunderten von Abteien verändern grundlegend alle Verhältnisse. (Die größten: Saint-Germain-des-Prés, gegründet im 6. Jahrhundert von Childebert, Sohn des Clovis*; Saint-Denis; Sainte-Geneviève, von Clovis gegründet; Saint-Victor, von Ludwig VI.* gegründet, Abteien, die allein ein Viertel des Grundbesitzes von Paris besaßen.) Das Schafott erhebt sich auf der Place Louis-XV. Alles – Bastillen und Bastionen –, was der Stadterweiterung in Richtung Faubourg Saint-Germain und Faubourg Saint-Honoré im Wege stand, zerbarst. Die Revolution walzt alles mit unglaublicher Kühnheit nieder, sie mäht und ist unerbittlich, wohltuend, leidenschaftlich und bleibt ungestraft, wenn sie alles wie ein Bulldozer ausweidet. Das Komitee des öffentlichen Wohls tagt im Pavillon de Flore und das Revolutionsgericht in der Grande Chambre des alten Parlaments. Auf diese Weise werden die beiden Paläste unserer Könige, jener der römischen Herrscher und der Louvre des Philippe-Auguste, zu Festungen der «Egalité».

Seltsames Schicksal des Louvre, wo König Franz I.* den Kaiser Karl V.* empfängt: «Was wird aus Paris?» fragt der Kaiser. «Ein Land», erwidert der König. Der Louvre ist wirklich ein Land. Die mittelalterliche Festung ist unter Karl V.* zur Residenz geworden, später unter Bedford Sitz der englischen Kommandantur, dann Turnierplatz unter Franz I. Dieser König starb, kaum daß Pierre Lescot* das jetzige Gebäude begonnen hatte. Unter Heinrich III.* wird der Louvre durch den Architekten Jean Goujon* vervierfacht. Katharina von Medici* fügt die Tuilerien an und läßt die Galerie d'Apollon errichten. Heinrich IV. nimmt die ehrgeizigen Absichten Heinrichs II.* wieder auf, die unter Ludwig XIV. mit Hilfe von Le Vau, Lebrun, Claude Perrault den schönsten Palast der Welt entstehen lassen. In Brand gesteckt, wieder aufgebaut, verlassen, Opernsaal, Museum, Obdach der Quäker, Behausung von Künstlern und Akademikern, Nabel der Welt, Sackgasse der Monarchie, Kleinod der Krone und Gegenstand allgemeinen Hasses, weiträumig, langweilig, unnütz, vergoldet, verehrt als geheiligte Stätte der persönlichen Macht, zuweilen vergessen, immer bewundert – das Schicksal des Louvre ist so unmenschlich, daß seinesgleichen kaum irgendwo zu finden ist.

Napoleon I. sammelt, sichtet, richtet wieder auf. Für Paris wie für Europa hatte er einen großen Blick. Er wollte aus Paris die schönste Stadt der Welt machen; überall gibt es Siegesstraßen, Siegesbögen, Weihesäulen; vier Brücken werden über die Seine geworfen. Überall Raum und Licht, überall Gehsteige; das Gas kommt auf und wird die alten Öllaternen ersetzen; Durchgänge erlauben überall, von einem Haus zum andern zu gelangen; die Seine wird bis zur Ecole militaire eingedämmt. Der Louvre, der seit zwei Jahrhunderten die Invasion aller möglichen Parasiten zu ertragen hatte, wird zum Museum, das die Beute aus ganz Europa empfängt. Napoleon plant auf den Höhen von Chaillot einen ungeheuren Palast für den König von Rom; er sollte über den neuen Pont d'Iéna bis zum Champ-de-Mars hinunterreichen.

Essen, trinken, sich auf acht Märkten versorgen, atmen, rasch rollen, das Leben genießen, weil es kurz ist – alles das kennzeichnet das überschäumende Paris des Ersten Kaiserreiches; im Gegensatz dazu sind die Jahre der Restauration eine geruhsame Zeit, eine Rückbesinnung auf das Vergangene. Sie hat einen Abscheu vor Eroberungen, sie weiß, wie teuer sie zu stehen kommen. Da der Palast des Königs von Rom nicht gebaut wurde, wird er im

Gedenken an den Krieg in Spanien durch das Palais du Trocadéro ersetzt (bis 1936 konnte Paris den Trocadéro erblicken, wie er das Champ-de-Mars mit seinem runden Bauch und den erhobenen zwei Armen beherrschte). Große private Immobiliengesellschaften setzen zur Zeit des Präfekten Rambuteau* das Werk des Empire fort: Sie beenden die Chaussée d'Antin, und ihre Bauten sind mehrheitlich heute noch vorhanden; sie klettern die Hänge der Viertel François-Ier, Beaujon, Europe, Saint-Georges empor und benützen dabei das Niemandsland der Sumpfböden und die privaten Gärten des vorhergehenden Jahrhunderts. Es ist jenes Paris, das Balzac in seinen ersten Romanen beschrieben hat. Der noble Faubourg entschlummert in der Ruhe der Rue Saint-Dominique oder der Rue de Grenelle. Die alten Hôtels Ludwigs XV. im Marais, die schmutzigen Geschäften überlassen werden, verfallen immer mehr, während in den vornehmen Etagen achtzigjährige geschminkte Witwen, Ex-Ehrendamen vom Hofe Ludwigs XVI., die Damen de Narbonne, Malesherbes, die Herzogin de Duras usw., ihr Leben beenden. Alle Standbilder unserer Könige besteigen wieder ihre Sockel.

Bei der Ankunft der Orléans* verläßt die legitimistische Gesellschaft Paris, um erst nach einem Dutzend Jahren wieder zurückzukehren. Das Palais-Royal ist verödet, es wird von

Blick auf den Louvre. Stich von Gabriel Perelle (1603–1677).

leichten Mädchen und Buchhändlern bevölkert. Vom Hôtel des Invalides bis zur Place Vendôme ist die demokratische Stadt ein summender Bienenkorb geworden. Louis-Philippe beendet, was das Erste Kaiserreich begonnen hatte, die Cour des Comptes, die Quais, die Brücken, die Place de la Bastille, die Rue de Rivoli. Das Paris der Handwerker wandelt sich zu einer Weltstadt, der sich Industrievororte angliedern, die ihrerseits die weitere Umgebung verändern. Paris möchte wie die Mutter Goethes sagen können: «Gott hat mir die Gnade erwiesen, mir eine Seele ohne Korsett zu geben.» Aber Thiers läßt die Stadt mit einem Kranz von Forts umgeben, die erst nach dem Ersten Weltkrieg verschwinden werden. (Thiers hat nicht begriffen, daß Festungswerke und Eisenbahnen unvereinbar sind.)

Das Zweite Kaiserreich: Gegenstand des Abscheus aller Liebhaber der Vergangenheit, die den letzten Überresten einer bedrohten mittelalterlichen Kapitale Respekt verschaffen möchten. Selbst die Ruinen gehen zugrunde! Mit unseren Freunden, den Geschichtsforschern von heute, Henry Bidou, D'Espezel, Raval, Héron de Villefosse, Pillement oder Yvan Christ, verhüllen wir unser Haupt und beweinen alles, was durch menschliche Dummheit an Schönheit zerstört wurde und endgültig verloren ist.

Aus Furcht vernichtet das Zweite Kaiserreich jene volkstümlichen Quartiere, die sich zwischen 1830 und 1848 als Unruheherde erwiesen haben.

Paris hat sich immer sehr schnell von seinen Kriegen erholt, aber von der Stadtplanung Napoleons III. wird es nie mehr genesen. Damals vernichtete man zwanzig altehrwürdige Kirchen rings um Notre-Dame, andernorts wurden an die zweihundert Gebäude binnen weniger Monate abgerissen, um wie in London «squares» zu bilden; alle sind mißlungen; den Gärten von Paris fehlt das Leben; nirgends kann man ein Stück Landschaft erschauen; statt dessen steht ein Blumenstock auf einem Balkon. Jules Vallès*, der in London gelebt hat, vermerkt es in seinem «Tableau de Paris»: «In London darf man auf dem Gras spazieren, sich kugeln, sich zum Schlafen legen; in Paris steht ein Gitter oder eine Tafel oder ein Polizist vor jeder Rasenfläche.» Und hat Hugo nicht behauptet, daß die Pariser Gärten muffig riechen?

Napoleon III. hat groß, aber nie weit gesehen, außer beim Bau der Kanalisationen, der Kanäle Ourcq, Saint-Denis, Saint-Martin, und bei den Arbeiten am Stadtrand: Bois de

Vincennes, Bois de Boulogne, die Buttes-Chaumont, mit einbezogen die Eingliederung von Clichy, Belleville usw.

Haussmann, der sich schrecklicher Enteignungsgesetze bedienen konnte, hat Paris nach allen Richtungen hin umgegraben. Vergeblich nimmt Victor Hugo aus dem Exil unverzüglich Partei gegen die stupiden Zerstörer: die neureichen Händler, die ungebildeten oder käuflichen Beamten, die ehrgeizigen Architekten Napoleons III., die Paris in eine «funktionelle» Stadt verwandeln und die Kunstdenkmäler freilegen wollen (was zum Beispiel bei der Gotik ein Unsinn ist). Zwar muß man zugeben, daß wir heute innerhalb künstlicher Kulissen in einem Paris, wie es sich uns bei folkloristischen Ausstellungen darbietet, leben würden, wenn man den Forderungen der nur vom Alten entzückten Romantiker nachgegeben hätte. Das gleiche Dilemma stellt sich noch immer. Zu welcher Partei soll man sich schlagen? Die Lösung liegt darin, nur das zu erhalten, was schön ist, nicht das Alte. Ohne Überlegung und Geschmack niederzureißen wäre die Fortsetzung der Dr.-Eisenbart-Methode jenes Haussmann, den Georges Pillement in seiner «Zerstörung von Paris» als «Haussmann, den Bauchaufschlitzer» bezeichnete. Der berühmte Präfekt Napoleons III. zweifelte nie an sich: «Es war eine große Freude für mich, bei meinem Beginn alles wegzuräumen.» Der Herrscher hatte ihm freie Hand gelassen, jener Fürst, der Paris so fremd gegenüberstand wie ganz Frankreich und der, als man seine Aufmerksamkeit auf die Place des Vosges lenken wollte, sogar sagen konnte: «Ist sie alt?» Haussmann verdankt man den unseligen Einfall, fünf oder sechs Avenuen sternförmig auf einen und denselben Platz münden zu lassen, was zu endlosen Verkehrsstockungen führt. Die Bahnhöfe von Paris wurden, ärgerlich für den gesunden Menschenverstand, willkürlich verteilt, und wir leiden immer noch darunter. Die ältesten und pittoresksten Straßen wurden «begradigt», und das Ergebnis besteht in der Trostlosigkeit der Boulevards Sébastopol, Saint-Michel, du Palais, Raspail und der Rues Turbigo, Réaumur, Etienne-Marcel. Hugo, aus Guernsey, empörte sich: «Krieg den Zerstörern...», «Das Eisen ist in der Wunde!»

«Triumph der geraden Linie!» – geometrische Barbarei! Neun Brücken wurden seit 1859 verbreitert oder neu über die Seine errichtet. Alles wird vereinfacht, geputzt. Um die Geister zu beruhigen, erklärt Haussmann heuchlerisch, daß er das Alte liebe; aber Madame

Baroche* schreibt über ihn: «Haussmann gibt sich unter Ausschluß der Öffentlichkeit zu allen verlangten Lobhudeleien her, vorausgesetzt, daß man ihm das Pflaster, die Straße, die Luft, die Sonne, jede Art von Lebewesen und die Nachwelt überläßt.» Man wechselt das Echte gegen das Falsche aus; Troubadour-Gotik und verfälschte Renaissance begegnen uns bei Saint-Vincent-de-Paul, bei Sainte-Clotilde, bei Notre-Dame-des-Champs, bei Saint-François-Xavier; das Quartier latin, das eine Einheit war, wird durch den Boulevard Saint-Michel zweigeteilt. Man schafft Leere, wo einst Fülle war, vor dem Louvre, vor Saint-Germain-l'Auxerrois, vor dem Hôtel de Ville.

Die Kommune setzte die Zerstörungen des Zweiten Kaiserreiches fort. Im Jahre 1871 blieb von den Tuilerien nichts übrig als eine Fassade (man hätte sie leicht reparieren können); das Hôtel de Ville sowie das Palais-Royal, die Cour des Comptes und das Hôtel de Salm (Sitz der Ehrenlegion), der Conseil d'Etat, das Palais de Justice, das Finanzministerium wurden angezündet und verbrannt.

Die Dritte Republik hatte auch ihre Vandalen; sie verschandelten das Palais de Justice unserer ersten Könige, indem sie die Dächer und Bögen beschnitten, die Place Dauphine verstümmelten und in falscher Renaissance das Hôtel de Ville wiederaufbauten, die Stadt mit lächerlichen Standbildern bevölkerten, ferner den komischen Trocadéro mit einem anmaßenden Trocadéro auswechselten und 1900 mit dem Grand-Palais anmaßend triumphierten. Die Museen der modernen Kunst von 1935 sind in ihrer Art ebenso häßlich wie das Palais de l'Industrie oder die Opéra von Garnier*. Sehr richtig hat Champigneulle gesagt: «Man hat wiederaufgebaut, ohne daß ein Architekt beteiligt war, denn seit dem Zweiten Kaiserreich wurden die Architekten durch Ingenieure ersetzt.»

Blick auf Paris. Stich von François Hoiamis.

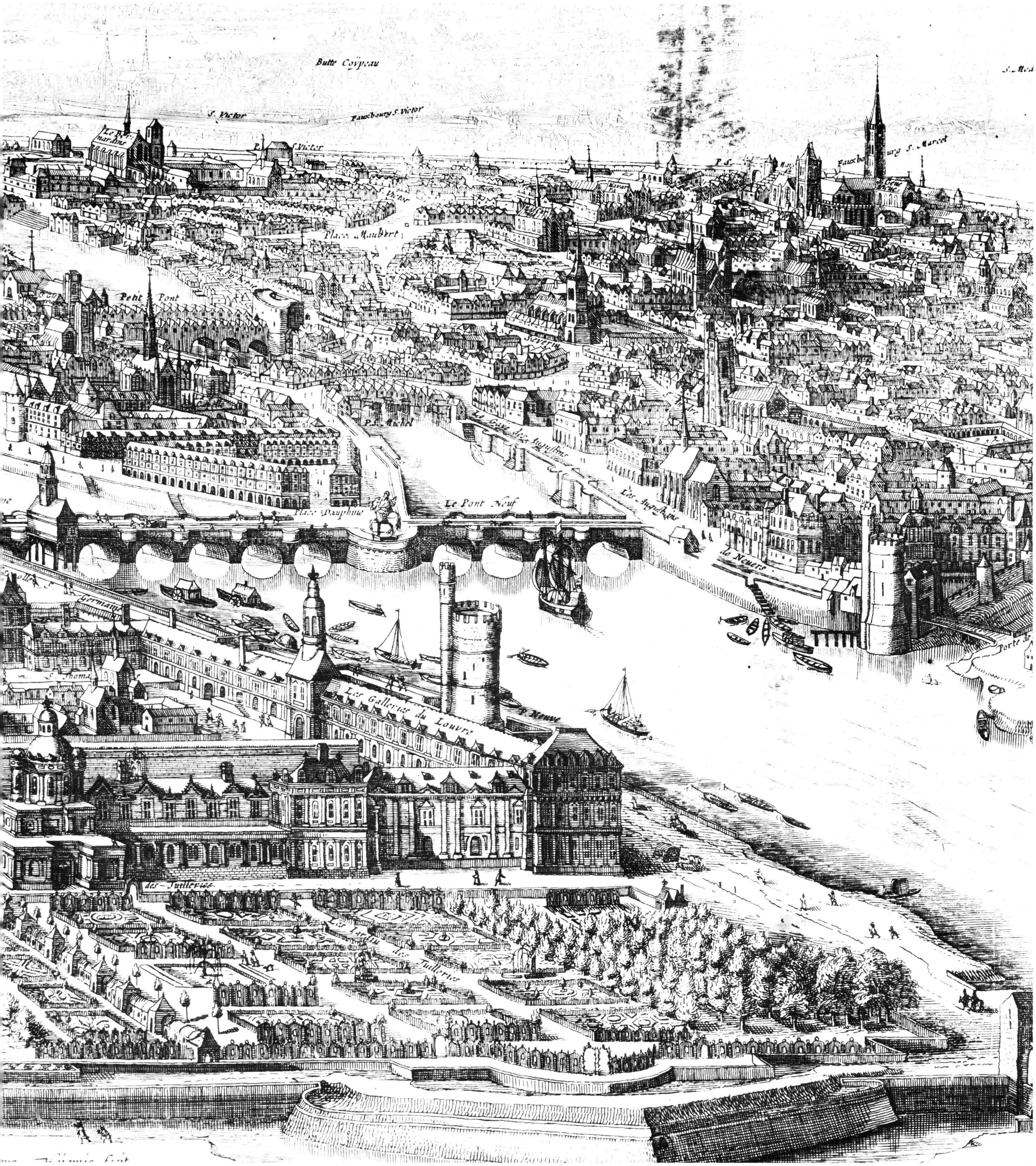

Butte Coypeau
S. Victor
Fauxbourg S. Victor
Fauxbourg S. Marcel
Place Maubert
Petit Pont
Le Pont Neuf
Place Dauphine
Les Augustins
Les Galleries du Louvre
des Tuilleries

Die von der Seine umgebene und behütete kleine Insel, die den Kern des ursprünglichen Paris ausmacht, erlebte bescheidene Anfänge. Aus einem einfachen Ort, der von der Seine lebte, wurde unter Chlodwig im Jahre 508 die Hauptstadt des Königreichs der Franken. Lutetia, wie dieser Ort zunächst hieß, vererbte der späteren Großstadt die Wappen seiner Schiffer und den Namen des gallischen Völkerstamms der «Parisii», die dort ansässig waren. Obgleich sich die Altstadt von Paris (la Cité) während des 19. Jahrhunderts von Grund auf veränderte, bewahrte sie dennoch ihre glänzende Vergangenheit. Drei aufwendige Bauten zeugen davon: die Kathedrale Notre-Dame, die Sainte-Chapelle und der mittelalterliche Königspalast, der heute Teil des Justizgebäudes ist. Notre-Dame und Sainte-Chapelle, beide Glanzleistungen der Gotik, entgingen jener Zerstörung, die etwa zwanzig Kirchen traf und die der Cité ehemals den Anblick einer heiligen Stadt verliehen hatten. Von den alten Stadtteilen erhielten sich nur zwei Überreste: im Westen die Place Dauphine, vom Surrealisten André Breton in seinem Buch «Nadja» gefeiert, im Osten einige Gäßchen mit klangvollen Namen wie die Rue Chanoinesse. Obwohl die Altstadt während Jahrhunderten durch Kriege und Revolutionen verwüstet wurde, blieb sie der Brennpunkt von Paris und ganz Frankreich, sie, von der symbolisch alle Nationalstraßen ausgehen (und zwar von Notre-Dame), ist das Schiff, «das dahingleitet, ohne jemals zu kentern».

An der Ostseite der Altstadt, an einem Ort, der schon früh einem heidnischen Tempel vorbehalten war, erhebt sich seit dem 12. Jahrhundert das mächtige Längsschiff von Notre-Dame, von der reinsten und großartigsten gotischen Fassade eingeleitet. Der Bau, der bescheidenere Kirchen ablöste, wurde nach den Plänen des Bischofs Maurice de Sully 1163 begonnen und 1330 im großen und ganzen abgeschlossen. Notre-Dame ist die zeitlich erste der großen gotischen Kathedralen. Sie unterscheidet sich von allen anderen durch ihre Ausgeglichenheit und maßgerechte Vollendung oder, um einem Ausdruck des Dichters Charles Péguy zu folgen, durch «ihre Pracht und innere Ausgewogenheit».

Dennoch wurde ihre Schönheit lange Zeit verkannt. Voltaire bedauerte in seiner kleinen Schrift «Les Embellissements de Babylone», daß sie nicht durch ein Bauwerk ersetzt wurde, das wie die Kathedrale von London dem Zeitalter der Aufklärung würdig gewesen wäre. Deswegen wohl veranlaßten die Domherren im 18. Jahrhundert die Umgestaltung des Inneren. 1771 ließ Soufflot Teile des Hauptportals abbrechen. Den Verwüstungen während der Revolution fielen neben den Reichtümern, die Notre-Dame zu einem phantastischen Museum gemacht hatten, auch alle großen Statuen an der Fassade zum Opfer. Darunter die lange Galerie der Könige von Juda, die man für Könige Frankreichs hielt.

Erst in der Romantik öffneten sich die Augen für die Schönheit dieser Kunst, die bis dahin in abwertender Weise Gotik genannt worden war. Ein Wort, dessen negativen Sinn wir heute nicht mehr empfinden. Victor Hugo und sein Roman «Notre-Dame de Paris» erst bewirkten diese Sinnesänderung in der öffentlichen Meinung.

Ein Dekret aus dem Jahre 1844 von Louis-Philippe verordnete die Restaurierung des Bauwerks. Ausgeführt wurden die Arbeiten durch Lassus und besonders durch Viollet-le-Duc. Auf vorzügliche Weise gelang es Viollet-le-Duc, das Bauwerk zu sichern und somit zu retten. In einer heute manieristisch erscheinenden Absicht veränderte er jedoch den Aufstellungsort der Statuen und «verschönerte» die Ornamentik. Wie auf der Photographie ersichtlich, hat der letzte Verputz dem Stein jenes leuchtende Weiß gegeben, das zugleich die erste Berühmtheit der Kathedrale bewirkte.

Notre-Dame, diese Masse aus Stein und Glas, wirkt ungewöhnlich plastisch, wenn sie des Nachts von innen und außen in Licht getaucht ist. Vom gegenüberliegenden Ufer der Seine aus gewahrt man oberhalb der Bäume den weit aufragenden und zugleich baugeschichtlich jüngsten Teil der Kathedrale: den südlichen Teil des Querschiffes. Mit einer recht stolzen Inschrift auf der Grundmauer ließ der Baumeister Jehan de Chelles wissen, daß er die Fassade 1257 begann. Vollendet wurde sie von seinem Nachfolger, Pierre de Montereau, und zwar in der Zeit von 1265 bis 1267. Am Portal vergegenwärtigen Skulpturen Leben und Martyrium des heiligen Etienne, und Rundbilder stellen Studentenszenen aus dem 13. Jahrhundert dar. Es war noch die Zeit, da die Universität von der Kirche abhing. Die Mehrzahl der recht überschwenglichen Ornamente, der Kapitelle, Balustraden und Säulen zeugen von der Arbeit der Restaurateure des 19. Jahrhunderts. Die Große Rose hingegen mit ihrem reinen Maßwerk und den in Stein gebildeten Spitzen zeugt vom Können mittelalterlicher Meister. Die Glasmalereien der Fenster, die seit 1726 oft hatten erneuert werden müssen, bewahren die ursprüngliche Eigenheit noch. Im Innern erzeugen sie im Wechsel mit der Nordrose ein unvergleichlich kostbares und überirdisches Licht, das aus der Nacht hervorzubrechen scheint.

Wo läßt sich das dem mittelalterlichen Paris Eigentümliche, das die Zeit verdeckte, am besten wiederfinden? Zweifellos auf dem Nordufer der Altstadt, wo der Seine entlang die mächtigen Türme des ältesten königlichen Palastes emporragen. Links erhebt sich der viereckige Turm, den seit dem Jahre 1334 eine große Uhr schmückt, die ihm auch den Namen gab. In der Mitte befinden sich die beiden strengen Rundtürme mit ihren spitzen Dächern, die Tour de César und die Tour d'Argent, rechts davon die Tour de Bombec. Alle vier umgrenzen ebenso wie die Grundpartien des Gebäudes die Residenz der Kapetinger, die am Anfang des 14. Jahrhunderts an derselben Stelle errichtet wurde, wo sich die römischen Kaiser und merowingischen Könige aufgehalten hatten. Welch ein Gleichklang der Geschichte! Als dann die Stadt ihre gewaltigen Ausmaße anzunehmen begann, richteten sich die Könige im Louvre ein. Der Palast wurde den «Cours souveraines» zugewiesen, dann der Justiz. Heute, nach einer ungeheuren Vergrößerung, ist er so undurchdringlich wie ein Ameisenhaufen.

Zwischen den beiden Haupttürmen öffnet sich das Portal zum gleicherweise berühmten wie berüchtigten Staatsgefängnis. Hier befindet sich auch der noch unversehrt erhaltene «Saal der Söldner» (Salle des gens d'armes). Mit seinen 69 auf 27 Metern ist er eine der schönsten Verwirklichungen gotischer Baukunst. Auf der Seite erinnert die «Galerie der Gefangenen» an die Massaker des September 1792 und an berühmte Todeskandidaten wie Marie-Antoinette, André Chénier, Danton, Marat, Saint-Just usw. Die Erinnerung an sie prägt noch immer diese jahrhundertealten Mauern.

Am 25. April 1248 weihte König Ludwig IX. (der Heilige) eine Kapelle in seiner Stadtresidenz ein, die, wie in königlichen Palästen üblich, Sainte-Chapelle genannt wurde. Er hatte sie erbauen lassen, um in ihr eine der kostbarsten Reliquien zu verwahren: die Dornenkrone Christi, die von Kaiser Balduin II. aus Konstantinopel geschickt worden war. Mit dem Bau, der dann auch schnell zu Ende geführt wurde, begann man im Januar 1244. Aller Wahrscheinlichkeit nach lag die Bauleitung in den Händen von Jehan de Montereau, dem berühmtesten Baumeister der Zeit, von dessen Fähigkeiten die Arbeiten in Saint-Denis und im Querschiff von Notre-Dame zeugen. Bis zu ihm waren die gotischen Kirchen recht finster, wie es noch die Kathedrale zu Paris ist. Sein schöpferischer Einfall bestand in der Verwirklichung eines Bauwerks, in dem die üblichen dichten Steinmauern von Wandpartien abgelöst wurden, die mit Fenstern durchbrochen waren und durch die das Licht flutete. Eben diese Grundidee führte er mit unvergleichlicher Meisterschaft im oberen Teil der Sainte-Chapelle aus. Dieser Teil (mit einer Höhe von 20,5 m) blieb der königlichen Familie vorbehalten, während der untere Teil für das Dienstpersonal bestimmt war.

Dieses Wunder der Architektur entstand in der Blütezeit der Glasmalerei und erreichte schon deshalb eine seitdem niemals überschrittene oder auch nur von ferne wieder erlangte Vollendung. Die Mehrzahl dieser zerbrechlichen Meisterwerke der Kirchenfenster wurden ein Opfer der Zeit und der Menschen, abgesehen von einigen wenigen Ausnahmen wie der Kathedrale zu Chartres. Die fünfzehn Hochfenster der Sainte-Chapelle umfassen 1174 Szenen, von denen schätzungsweise 720 auf das 13. Jahrhundert zurückgehen. Die anderen wurden noch im 19. Jahrhundert von F. de Guilhermy mit sehr viel Kenntnis restauriert. Der Grad der Vollendung macht sie kaum noch von den alten Fenstern unterscheidbar. Wenn auch das Ganze in einem Gefunkel kostbarer Steine, in einer Kaskade von Rubinen, Saphiren und Amethysten aufgeht, bleibt dennoch jede Szene vollkommen klar und deutbar. Die Kunst des Mittelalters, so zeigt es sich auch hier, war in keiner Weise abstrakt. Man erkennt die großen Szenen des Alten Testamentes, die Überführung der Reliquien, vor allem König Ludwig, der barfuß den Reliquienschrein trägt, und schließlich auch die Konsekration der Kapelle. Sie alle sind Meisterwerke der bildnerischen Komposition, elegante Formen, die den Gipfel der Anmut, Ausgeglichenheit und Geistigkeit französischer Kunst darstellen.

Wir blicken hier auf dem Bild durch zwei Arkaden der Kirche Saint-Gervais auf die Ile de la Cité und das Quartier latin. Über die Häuser des Quai aux Fleurs ragt die Apsis von Notre-Dame mit ihren wundervollen Schwibbögen, den kühnsten der ganzen gotischen Kunst. Diese Bögen bilden das eigentlich markierende Prinzip dieser Kunstepoche; sie erlauben den technisch und künstlerisch erstaunlichen Aufschwung des jeweiligen Innenraumes. Ihretwegen wird Notre-Dame auch verglichen mit einem Schiff, das getrieben wird von gewaltigen Rudern. Am äußersten Ende der Cité führte der Square de l'Ile-de-France früher vorbei über der düsteren Halle, in der die nicht identifizierten Leichen aufgebahrt wurden. Heute erhebt sich da das Mémorial des martyrs de la déportation! Hier noch sichtbar ist die Passerelle, die zur Ile Saint-Louis führt. Sie steht für eine Brücke, die 1939 durch ein vorbeiziehendes Schiff zerstört wurde und deren Wiederherstellung dem Ende entgegengeht. In jüngster Zeit konnte daher die Passerelle beseitigt werden. Vom Panthéon beherrscht, erhebt sich ganz im Hintergrund die von einem Geflecht alter Straßen durchzogene Montagne Sainte-Geneviève. Da lag das Kernstück der antiken römischen Stadt. Später tummelten sich hier die mittelalterlichen Studenten und versammelten sich um Abälard und um den Magister Albertus Magnus, dessen Name, allerdings verstümmelt, noch weiterlebt in der Place Maubert.

Unterhalb der Kirche Sainte-Geneviève, hinter der die Tour Clovis hervorragt, die heute zum Lycée Henri-IV gehört, erstrecken sich die Dächer der Ecole polytechnique; hier hat die scholastische Theologie das Feld den mathematischen Wissenschaften und der modernen Physik geräumt. In apartem Kontrast zu diesem fieberhaften studentischen Betrieb zeigt die Spitze der Ile Saint-Louis, an der die Arme der Seine wieder zusammenfließen, jene aristokratischen «Hôtels» des 17. Jahrhunderts, die ganz von gelassener Harmonie geprägt sind.

Hier als Bild zusammengerafft eine Synthese von Paris, der Stadt mit ihren phantastischen Widersprüchen, der Stadt, in der seit Jahrhunderten das grandiose und ruhelose Feuer der menschlichen Zivilisation flackert.

Die Seine

Ile Saint-Louis. Stich von Gabriel Perelle (1603–1677).

Lutetia Parisiorum – Lutetia des gallischen Stammes der Pariser – benannten die siegreichen Römer die heutige Stadt an der Seine; die während der Völkerwanderungszeit nachrückenden Franken, beeindruckt von der gallo-römischen Kultur und Zivilisation, gaben der Stadt ihren heutigen Namen, der an den bis heute nachwirkenden gallischen Charakter ihrer Bewohner erinnert.

Von den Galliern, den Römern und den Franken hat Paris geschichtlich einen zweifachen Ehrgeiz ererbt: einerseits immer einen Zugang zum Meer zu haben, anderseits im Nordosten die Grenze gegen fremde Bedrängnis zu sichern. Durch Existenzschuld der geographischen Lage mündet der natürliche Weg von Paris zum Meer, die Seine, in den Ärmelkanal – ein englisches Meer! Und England hat uns seit acht Jahrhunderten den Zugang zur Scheldemündung und nach Flandern verweigert, so daß die nordöstliche Grenze nie wirklich gesichert war.

Das kleine alte fränkische Herzogtum, das sich um die Stadt Paris ausbreitete, bildete eine Insel innerhalb des heutigen französischen Festlandes, einen politisch harten Kern inmitten weicher Ländereien.

Aus dem ursprünglich fränkischen Herzogtum entwickelte sich jenes Königreich, das sich auf die Ile-de-France* stützte und sich mit Erfolg bemühte, sich sowohl die Engländer als auch die Burgunder vom Leibe zu halten.

Der natürliche Verbündete von Paris war in diesem historischen Kampf die Seine, denn sie ermöglichte dieser Stadt, Waagebalken der Schicksalsmächte zu sein, zwischen denen Frankreich hin und her pendelte: Festland und Meer.

Das Land rings um Paris, die Ile-de-France, wurde zuweilen – vor allem im 14. Jahrhundert – «das kleine Frankreich» genannt; der Gebrauch dieser Bezeichnung hat sich in der Umgebung von Paris bis in die Neuzeit so hartnäckig erhalten, daß er selbst die gegen ihn gerichteten Bannflüche der Jakobiner und ihrer Gefolgsleute überlebte.

Die nach Gallien hereinströmenden Franken bevorzugten Paris, weil es ihnen auf leichte Art Ernährung bot: den Fisch der großen Flüsse und des Meeres, das Getreide der alten Landschaft Beauce und der fruchtbaren Brie, das Wild und das Holz der benachbarten großen Wälder.

Seit die Autobahn des Südens von Châlons sozusagen geradlinig auf Paris zustrebt und damit die geschichtlichen Stätten der Vergessenheit anheimgibt, die alten Städtchen rechts und links liegen läßt, Bauernhöfe und den Landbesitz zerstückelt, die Rehe erschreckt, sieht sich der Reisende, der in Richtung Paris den Jura durchquert hat, eines großen Vergnügens beraubt, nämlich bei der Ausfahrt von Dijon die Quelle der Seine zu entdecken und den Strom auf seiner ganzen Länge bis Paris zu begleiten.

Auf einer dürren, im Winter vereisten Hochebene, wo das Burgund an die Champagne grenzt, führt ein Umweg von ein paar Kilometern zur Quelle der Seine, die im Grunde eines buschbestandenen Tobels verborgen ist. Einige Wasserbläschen im Sande: das ist die Seine. Römische Exvotos zu Ehren der Göttin Sequana, eine Nische, wo die keusche Nymphe aus bemoostem Gips erschaudert – Werk eines Künstlers aus Dijon –, schmücken dieses Rinnsal. Ruinen zwischen den Ulmen und Türme, die sie überragen: sie sind die vom Winde zerfressenen Skelette der alten Burgen der Herzöge von Burgund.

Zu allen Jahreszeiten liegen Nebelschwaden über den Tälern; auf dieser uralten Straße rollte der Karren, der aus Griechenland die berühmten Amphoren nach Vix brachte.

Wir durchqueren Chanceau und seine windschiefen gotischen Giebelhäuser; es ist ein kleiner Flecken, wo 1814 Kaiser Franz II. von Österreich kampierte; bei der Invasion Frank-

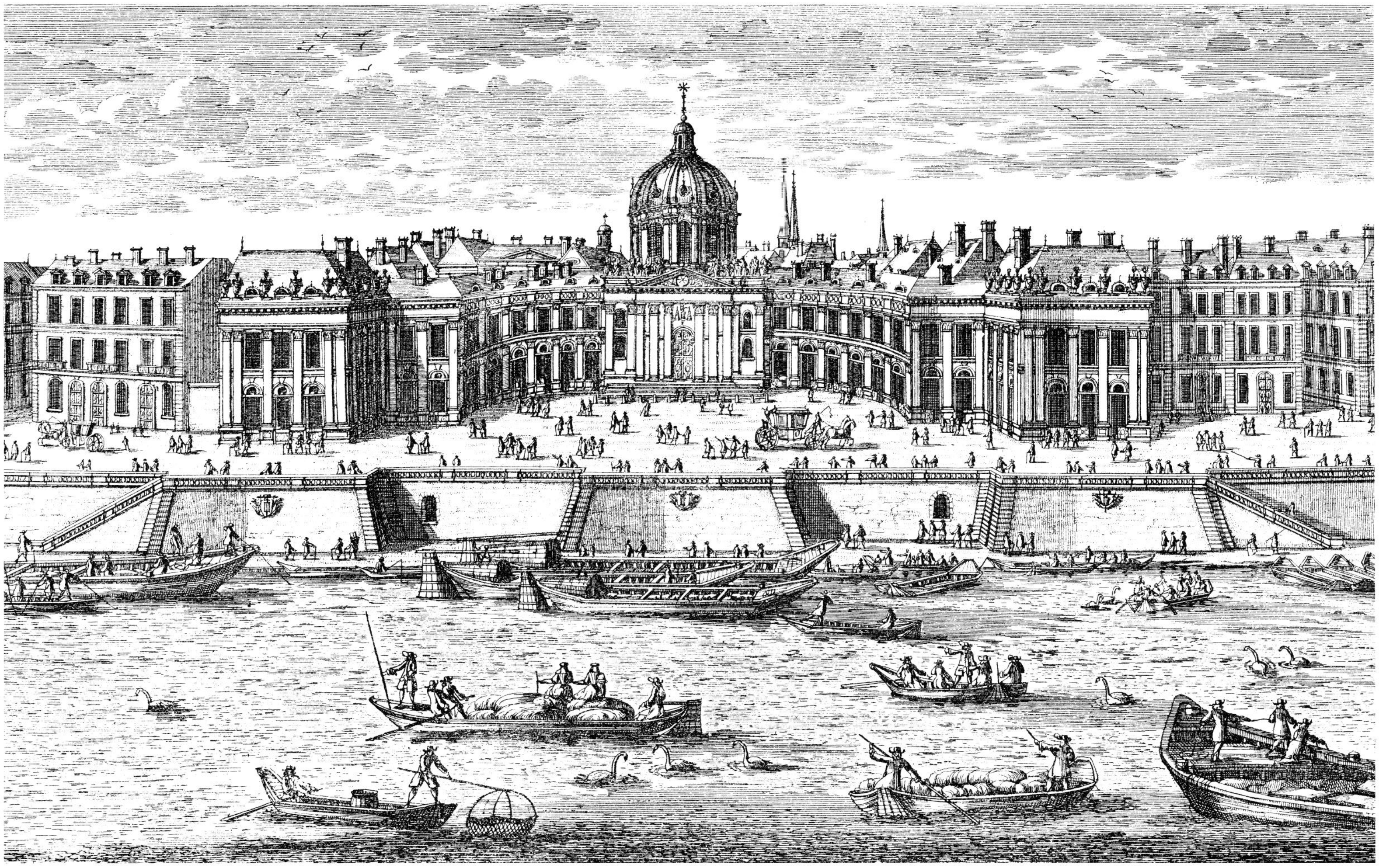

Institut de France. Stich von Gabriel Perelle (1603–1677).

Blick auf den Pont-Neuf und die Ile de la Cité. Stich von Gabriel Perelle (1603–1677).

reichs hatte er keine Eile, als erster in Paris zum schrecklichen Stelldichein mit seinem Schwiegersohn Napoleon I. anzukommen. Noch eine Autostunde und wir sind schon inmitten der Schlachtfelder von Troyes, Châtillon, Romilly, Montereau. Wir nähern uns Joinville, Charenton; wir kommen zur Stelle, wo die Marne die Seine erreicht. Von Boissy-Saint-Léger aus können wir mit der Metro nach Paris gelangen.

Paris an der Seine liegt auf der Mittagsgrenze zwischen Norden und Süden, zwischen zwei Kulturen. Hätte die Hauptstadt Frankreichs sonst irgendwo gelegen sein können? In Lyon, Mittelpunkt des römischen Galliens, im Massif central, im Reduit der Loire, am Rhein, wie es Karl der Große wollte, in Dijon, wo Karl der Kühne lebte, in der Touraine, das von den Valois bevorzugt wurde, in Versailles, wie es die Bourbonen wünschten?

Die Geschichte hat alles versucht; sie kam nicht um Paris herum.

Das Wasser der Seine ist hier trübe; seine Gerstenfarbe verdankt es der Kreide der Champagne. Bis zur Manche nagt es an den weißen Felsen, die es säumen und die unter dem Meer weitergehen, um bei Dover wieder aufzutauchen.

Die vorgeschichtliche Seine war ein erstaunlicher Amazonas, vierzig Meter tief und mehr als vier Kilometer breit, von Hügeln kaum gehalten: Ménilmontant, Belleville, Montmartre, Chaillot zur Rechten, Montparnasse und Sainte-Geneviève zur Linken; zahlreiche Inseln sind bestrebt, sich zu verankern, um nicht durch eine Flut zum Meer gespült zu werden, ähnlich einfachen Kieselsteinen, wie die erratischen Felsen von Fontainebleau. Wie fern ist man noch von Verlaine*:

«Wälze deine träge Flut,
Müde Seine ...»

In der Römerzeit hat der Fluß noch die doppelte der heutigen Breite; er schlägt darnach an die von Philippe-Auguste* errichteten Wälle, er wird den Turm von Nesle umfließen, wird hinter das Institut de France gelangen – durch die Rue de Seine gegen Saint-Germain-des-Prés –, bevor er sich aufmacht, den Gros Caillou und die Ebene von Grenelle bis zum Point-du-Jour zu überschwemmen und durch Paris seinen alten Schlangenkörper zu «schleppen», wie Verlaine es bildhaft ausdrückt.

Angereichert von der Ourcq, der Yonne, der Marne, der Yerres, der Essonne, der Orge und der Bièvre, bot die Seine der Festung der jungen Stadt natürliche Wassergräben, konnte aber auch Paris wie eine Schlinge umschließen. Camulogène, der gallische Führer, versperrte den Römern Lutetia, worauf diese nach Melun zurückkehrten und sich dessen Flotte bemächtigten, um die Verteidigung der «Parisii» zu überwältigen. Acht Jahrhunderte später, nachdem es den normannischen Eindringlingen unter Karl dem Großen nicht gelungen war, das Châtelet zu zerstören, zogen diese ihre Boote aufs Trockene, um sie unterhalb Paris wieder aufs Wasser zu setzen.

Als die Römer sich zurückzogen, verließen sie ihre Villen und Bäder auf dem linken Ufer. Das rechte Ufer war nur ein Moor und wurde von der Rue Saint-Marcel als einer Furt durchquert. Auf der Gegenseite dieser Rue Saint-Marcel, die in gerader Linie von London kam (vorbei an der Abtei Saint-Denis und dem Galgen von Montfaucon), führte die Rue Saint-Jacques geradenwegs nach Rom. Wie die Amerikaner waren die Römer Vereinfacher und haben ihre Städte in Rechtecke unterteilt. (Man denkt an Dickens, der nach zwei Stunden Marsch in Philadelphia seufzend sagte: «Ich gäbe weiß Gott was für eine Straße, die einen Bogen macht.») – Man muß auf die Herrschaft von Philippe-Auguste warten, um in Paris Straßen zu sehen, die einen Bogen machen.

Bis zur Zeit König Franz' I.* (1494–1547) residierten die Grafen von Paris und die Könige im alten Palast der römischen Imperatoren, im «castellum», der später unser Palais de Justice geworden ist. Pierre d'Espezel hat über den Palast ein Buch veröffentlicht, das uns sowohl dem Baudenkmal als dessen Erbauer nachtrauern läßt. Diesen Zeugen unserer Herkunft, der die Jahrhunderte bis auf unsere Zeit überdauert hat, können wir heute nicht mehr in seiner alten Gestalt bewundern, sein Erscheinungsbild hat sich gewandelt, die Ringmauer voller Schießscharten wurde abgerissen, von den Türmen blieben nur drei auf der Nordseite stehen, und die Südfassade, gegen die Place Dauphine zu, wurde unter Napoleon III. verunstaltet. Hier in diesem «castellum» – wie die befestigten römischen Paläste bezeichnet wurden – wohnte einst Kaiser Julian*, der mit einem Ofen, den man wieder gefunden hat, seinen Wohnraum wärmte – trotz des Lobes auf die Milde des Pariser Winters.

Die kostbaren Miniaturen im Stundenbuch des Herzogs von Berry* zeigen das bewunderungswürdige Gefüge dieser befestigten Residenz, die König Philipp der Schöne* (1268 bis 1314) vorbildlich restaurieren ließ. Wie ein Stelzenvogel, der sich mitten im Fluß eingenistet hat, erscheint der weite Innenhof, wo sich die Sainte-Chapelle, gut abgesondert, in ihrer ganzen Schönheit sehen läßt, umgeben von den Häusern der Kanoniker. Man träumt und denkt an den heiligen Ludwig*, dessen Küchen noch unter der Conciergerie vorhanden waren, an Philippe-Auguste, der hier Richard Löwenherz beherbergt hat, und an die Aufenthalte des byzantinischen Kaisers. Die Könige Ludwig XII. und Franz I. hielten sich hier noch öfters auf; in der folgenden Zeit wurde der Palast Sitz des Parlamentes. Im Revolutionsjahr 1789 installierte sich hier das Revolutionsgericht. Feuersbrünste und Architekten verbissen sich im 19. Jahrhundert in diesen Schatz. Die Verbrennung dieses Herzens von Paris durch die Kommune, die Errichtung des häßlichen Quai des Orfèvres, die Erbauung des anmaßenden Palais de Justice haben fast zweitausend Jahre Geschichte vernichtet.

Der Tour de Nesle und der Palais du Louvre. Stich von Jacques Callot (1592–1635).

Nirgendwo ist die Seine so schön wie beim Pont des Arts; nichts kann mit der fliehenden Perspektive der düsteren Türme des Palais de Justice verglichen werden. Türme mit so schönen Namen wie Bonbec, Tour d'Argent, Tour de César – überragt von Notre-Dame, die hinter dem neuen Hôtel-Dieu aufsteigt.

Der Fluß nimmt hier an Breite zu, die nicht jene von früher ist, weil er seit Heinrich IV.* durch die Quais eingeschnürt wurde, aber doch genügend breit, um uns sein sanftes Gleiten, seine Farbe eines Froschbauchs, sein Meergrün eines Forellenrückens, der mit dem Schwarz der Frachtkähne betüpfelt ist, genießen zu lassen.

Die Seine sorgt für die Einheit der Hauptstadt, trotz des unterschiedlichen Geistes der beiden Ufer. Denn anders als andere Ströme, die Städte durchfließen und sie in gegensätzliche Teilgebiete sondern, erfüllte die Seine ihre eigentümliche Aufgabe: sie verband sich mit den beiden Ufern und wurde zum überbrückenden Symbol der unvergleichlichen Einheit von Paris. Die alten Seinebrücken sind nicht technische Verbindungswege, die zu sich gegenseitig

Sicht auf das alte Dorf Chaillot. Anonymer Stich Anfang 18. Jahrhundert.

ausschließenden sozialen, zivilisatorischen und kulturellen Lebensbereichen führen, sondern Träger und Verkörperer der höheren Einheit, in welcher sich beide Ufer im Zeichen von «Paris» zusammenfinden. Dieser Einheit werden wir uns bewußt, wenn wir etwa das Bild genießen, das sich uns vom Pont des Arts aus darbietet: Im Vordergrund erblicken wir das Standbild König Heinrichs IV., etwas entfernter den Pont-Neuf, in dessen Mitte sich der Eingang zur Place Dauphine mit den Häusern aus der Zeit Ludwigs XIII.* auftut, links den Louvre, die Kirche Saint-Germain-l'Auxerrois, den Quai de la Mégisserie, erfüllt vom Lärm einer in Käfige gesperrten und zum Kaufe angebotenen Vogelwelt. Auf Ständen sind hier Glasgefäße aufgestellt, in denen goldene und rotschuppige Fische herumschwimmen, und die zum Verkaufe feilgebotenen Blumen der Sonntagsgärtner runden die farbige Impression ab. Nach rechts richtet sich unser Auge auf das altehrwürdige Institut de France, auf den Quai des Grands-Augustins und auf die Place Saint-Michel. Am Ufer gehen die Pudelfriseure ihrem Handwerk nach, Hippies schlafen und lieben sich an der Sonne, und auf den Bänken, die in Uferbrüstungen ausgespart wurden, warten Marihuana-Schwarzhändler auf ihre Kunden...

Die Seine könnte ihre Aufgabe, die Einheit von Paris zu sichern, nicht so erfolgreich erfüllen, gäbe es nicht die Seineinseln und vor allem eine: die Ile de la Cité. Sie, sich weder zum rechten noch zum linken Ufer zuneigend, bildet geographisch und historisch das Herz von Paris und beherbergt ein Wahrzeichen, das unlöslich zu Paris gehört: die Kathedrale Notre-Dame. Vernietet an die Ile de la Cité ist die kleine Insel Saint-Louis, so daß in der Pariser Alltagssprache die beiden Inseln als «Cité» zusammengefaßt werden. Westlich dieser Cité, seineabwärts, zu Füßen des Eiffelturms, befindet sich die Ile des Cygnes, die Schwaneninsel. Hier sind einst die Normannen mit ihren eigenartigen Schiffen, den «Drachen», gelandet. Von der Cité aus reihen sich stromaufwärts und stromabwärts die Brücken wie kostbare, fehlerlose Ringe über den Finger der sanften Seine. Zunächst, stromabwärts, die vollkommensten unter ihnen, der Pont-Royal, von Mansart entworfen, um die Fähre zu ersetzen und den Faubourg Saint-Germain mit dem Louvre zu verbinden, dann der Pont Solférino, der den Tuilerien jene Belebung gibt, die gefehlt hat, bevor der Pont de la Concorde gebaut wurde. Das Auge gewahrt jenseits der vergoldeten pseudoklassischen Ornamentik des Pont

Alexandre – letzte Erinnerung an die russische Zarenzeit – den Pont des Invalides und den Pont de l'Alma.

Stromaufwärts, jenseits des Pont-Neuf, erschauen wir die alten Brücken, die ehemals von Häusern besetzt waren, den Pont au Change und den Pont Saint-Michel, die auf den Luftaufnahmen wie die Ruder eines gebrechlichen Skiffs erscheinen und die für die Cité bildhaft das gleiche darstellen was die Strebebögen für Notre-Dame. Der Zauber dieser berühmten Brücken verdichtet sich in der melancholischen Musik des Vincent Scotto*…

Palais-Royal. Stich von Gabriel Perelle (1603–1677).

Den Toten, deren Schatten hier willkommen sind,
Erhebt sich über Paris, der Stadt der tausend Türme,
Das ehrwürdige Pantheon in den Himmel...
Und jene Säulenkrone wird jeden Tag aufs neue
Ins Gold der aufgehenden Sonne getaucht.

Diese Verse Victor Hugos umschreiben ein Bauwerk, das ursprünglich eine Kirche war. Im 18. Jahrhundert entschied man, auf jener Anhöhe, wo sich schon in der Antike ein heidnischer Tempel befand, ein Heiligtum zu errichten, das der heiligen Genoveva geweiht werden sollte, der Patronin von Paris. Der Grundstein wurde 1764 vom Architekten Soufflot gelegt. Sein umfassender Plan sah vor, «die Leichtigkeit gotischer Konstruktionen mit der Reinheit und Pracht griechischer Architektur zu verbinden». Bodensenkungen vor allem verzögerten die Vollendung bis ins Jahr 1790. Damals war Soufflot schon zehn Jahre tot, und das damalige Parlament, die *Constituante,* ließ das Gebäude zum Pantheon werden, zur Stätte der sterblichen Überreste großer Menschen. Nachdem es 1806 allerdings wieder Kirche, 1830 aufs neue Pantheon und 1852 nochmals Kirche geworden war, blieb es seit 1885 Pantheon. Seine Gewölbe schützen seither die vergänglichen Hüllen von Voltaire, Soufflot, Marceau, Hugo, Zola, Berthelot, Painlevé, Jaurès und anderen.

Wie der Louvre und die Tuilerien auf der rechten Uferseite, so ist auch der Luxembourg mit seinem Park auf dem linken Ufer eine königliche Schöpfung des Ancien Régime. Der 1615 von Salomon de Brosses im Bau begonnene Luxembourg erinnert ein wenig an den Palazzo Pitti in Florenz, ganz in der Absicht von Maria von Medici, die dort ihre Kindheit verbrachte. Der Luxembourg gehörte verschiedenen Fürsten und wurde während der Revolution zum Gefängnis, auch für den Maler David. In der Folge Konsulatspalais und Oberhaus, erlangte er schließlich 1879 seine gegenwärtige Verwendung als Senatsgebäude. Im Park des Luxembourg lustwandelte einst Watteau mit seinem Freund Audran, dem Hausmeister und gleichzeitigen Konservator des Palais, und erweckte auf seiner Leinwand das leicht stufenförmig geschnittene Blattwerk des Parkes zu neuem Leben. Seit einem Jahrhundert machen ihn die unzähligen Statuen, in Baumgruppen eingehüllt, zu einem Treffpunkt literarischer Größen: Verlaine, Hérédia, Flaubert, Lecomte de Lisle und hundert andere. Heute tummeln sich die Kinder in den Anlagen, und die Studenten, die von der nahen Universität kommen, plaudern hier zwischen den Vorlesungen oder huldigen dem schönen Geschlecht, wenn sie nicht gerade diskutieren. Diese Atmosphäre macht den Inbegriff dessen aus, was «Jeunesse parisienne» bedeutet.

Im Quartier von Saint-Germain-des-Prés, im Schatten der alten Abtei, trägt eine unscheinbare Straße den Namen eines Abtei-Kardinals des 17. Jahrhunderts, Furstenberg. Dort befanden sich die Pferdeställe und die Wirtschaftsgebäude des äbtlichen Palastes. In der Mitte dieser Straße öffnet sich ein kleiner, viereckiger Platz, der durch seinen verhaltenen Charme und seine Ausstrahlung hoch im Ansehen steht. Und doch hat er gar nichts Außergewöhnliches an sich: kleine, unscheinbare Häuser ringsum, in der Mitte, umgeben von vier Bäumen, ein ausgedienter Kandelaber. Aber dieser Winkel von Paris, «früher und unlängst», wie Verlaine sagen würde, bewahrt eine Harmonie der Ruhe, des Heimwehs und der Anhänglichkeit. Der Schatten eines großen Mannes schwebt darüber. Dort verbrachte der alternde Maler Eugène Delacroix seinen Lebensabend, krank und vergrämt, und endeten seine Tage am 13. August 1863. Während er dort wohnte, schrieb er am 28. Dezember 1857 in sein Tagebuch: «Meine Wohnung ist wirklich reizvoll. Ich habe wenig Melancholie nach dem Essen gehabt, um mich zurechtzufinden. Erwacht am andern Tag, sah ich die leuchtendste Sonne über den Häusern gegenüber meinem Fenster. Die Aussicht auf meinen kleinen Garten und das heitere Aussehen meines Ateliers rufen in mir immer wieder ein Gefühl der Freude hervor.» Er hatte nur einige Schritte zur Kirche Saint-Sulpice zu gehen, um sein letztes Hauptwerk, die Wandmalereien der Engelskapelle, zu beendigen. In seiner Wohnung, von welcher eine kleine Treppe zu seinem Atelier hinunterführte, schützte seine fröhliche Haushälterin Jenny le Guillou seine Arbeit, zudringliche Freunde und indiskrete Bewunderer abwehrend. Jeder Ort – Salon, Bibliothek, Sterbezimmer – blieb erhalten und bewahrt bewegende Erinnerungen an den großen Maler. Sie wurden zu einem kleinen Museum Delacroix, wo Dauer- und Wechselausstellungen verschiedene Rückblicke auf den Künstler und seine Zeit geben.

Die Ufer der Seine, die Paris von Osten nach Westen in einer großen, majestätischen Schleife durchfließt, bilden, umgeben von Denkmälern, eine der schönsten Promenaden der Welt. Ehemals stiegen die Schäfer hinunter bis zum Strom. Auf den sehr alten Bildern sieht man Pferde oder Ochsen, die zur Tränke geführt werden. Seit dem 17. Jahrhundert gibt sich die Stadt zivilisiert. Promenaden wurden unten entlang den Ufern des Flusses angelegt und darüber, in Höhe der Gebäude, Uferstraßen mit fortlaufenden Brüstungen. Hier haben schon seit mehr als hundert Jahren die Stände der «bouquinistes», der Antiquare und Büchertrödler, ihren Platz, auf mehreren Kilometern des südlichen und einigen Kilometern des nördlichen Flußufers. Eine Attraktion für Spaziergänger und Liebhaber von Büchern und alten und neuen Kupferstichen! Anatole France, Sohn eines Buchhändlers am Quai Malaquais und vertraut mit den «bouquinistes», hat sie in seinen Erinnerungen festgehalten. Die Forscher jener an Muße so reichen Zeit verbrachten oft viele Stunden beim Durchstöbern dieser Läden, auf der Suche nach seltenen Kupferstichen, nach Erstausgaben, ja manchmal sogar nach kostbaren Manuskripten. Noch nicht lange ist es her, als man dort auch noch andere seltsame Gegenstände fand, wie Statuen, Münzen, Porzellan und schweflige Kugeln, bevor die Antiquare sie gehamstert hatten. Auf dieser Abbildung wartet, gegenüber dem Louvre, einer dieser Bouquinisten – die selbst oft leidenschaftliche Kenner sind – geduldig darauf, daß sich ein Liebhaber zu einem Kauf entschließe. Sommer und Winter verbringt er dort philosophierend seine Tage unter dem unvergleichlichen Himmel von Paris.

Unten an den Quais der Seine, wo unlängst noch keine Autos fuhren, sind die wenigen schmalen Uferwege eine Stätte der Einsamkeit, den Verliebten wie den Dichtern unentbehrlich. Einige von ihnen ließen sich dort in Melancholie hüllen, wie beispielsweise Verlaine:

Fließe, fließe mit deinen lässigen Fluten, trübe Seine,
Unter deinen Brücken, die ein kranker Dunst umweht...
Du fließt und fließt, Seine, müde kriechend,
Und windest dich einer alten Schlange gleich durch Paris,
Und wie eine alte, schmutzige Schlange trägst du den Häfen zu
Deine Schiffsladungen aus Holz, Kohle und Leichen.

Andere wieder finden dort die Verzückung süßen Friedens, wie Carco in seiner Romanze von Paris:

Dieses Wasser, das, langsam fließend,
Die Farben der sinkenden Sonne einfängt...
Das ist der Friede in einer Liebe,
Die mir zur Freude und zu meinem Vergnügen,
Die sanfte Seine offenbart,
Deren Fluten stocken, zögern, fliehen.

Links auf der Abbildung ist der bezaubernde Garten zu sehen, der den Namen «Vert-Galant» (grüner Galant) erhielt, als Huldigung an Heinrich IV., der den Pont-Neuf bauen ließ. Ein schattiger Garten mit großen Bäumen, der sich gegen die Spitze der Cité erstreckt. Auf der rechten Seite, entlang den Tuilerien vor dem weißen Pont-Royal, sieht man die verankerten Kähne am Quai oder schon halb auf dem Trokkenen der Böschung. Sie gehören meist den sehr zahlreichen Fischern, deren Beute, so scheint es, in diesem Gewässer sehr einträglich ist, da Abfälle die Fische anziehen.

Berühmt in der ganzen Welt ist das Institut de France als die angesehenste Einrichtung der Hauptstadt. Persönlichkeiten des kulturellen Lebens, Schriftsteller und die berühmten Künstler träumen davon, dort zugelassen zu werden. Unter der Kuppel des Gebäudes, weiter rechts, findet der Empfang der «vierzig Unsterblichen» der Académie française statt, die durch Richelieu im Jahre 1636 gegründet wurde. Sein Vorgänger, Kardinal Mazarin, gab den Bau dem Architekten Le Vau in Auftrag, der ihn auf dem Platz der berühmten Tour de Nesles errichtete, die unheimliche Legenden umwoben. Zum Andenken an diesen Kardinal heißt die kostbare Bibliothek, die dort erhalten ist, immer noch La Mazarine. Die Fassade im Halbkreis, im Stil klar und streng, ist eine der am vollkommensten gelungenen der französischen Klassik. Weiter links erkennt man «La Monnaie», gebaut in den Jahren zwischen 1771 und 1777, eines der Hauptwerke im Stil Louis XVI, die Stendhal aber dennoch verabscheute – wie sich der Geschmack ändert! Sie hat unlängst durch Reinigung ihren weißen Glanz zurückerhalten. Der Pont des Arts, der bloß für Fußgänger bestimmt ist, wird heute vor allem von den Künstlern der benachbarten Schule der schönen Künste begangen und von Malern, die den prächtigen Rundblick von dort aus genießen. Es sind indessen nicht die Künstler, die der Brücke ihren Namen gaben, sondern das Palais des Arts, eine Bezeichnung des Museums «Louvre» aus der Zeit Napoleon I. Und ihm verdankt man die Konstruktion dieser metallenen Brücke, einer äußerst kühnen Bauweise, die den Widerstand der Architektur hervorrief. Doch der autoritäre und sehr mächtige Kaiser ließ nur ästhetische Einwände gelten. So kommt seinem Genie – Vorläufer auf so manchen Gebieten – das Verdienst zu, die erste Metall-Architektur verwirklicht zu haben. Man weiß um deren plötzliche Entwicklung in allen Ländern, zunächst aber in Paris selbst, von den Hallen und der Bibliothek Sainte-Geneviève bis zum Triumph des Eiffelturms.

Dieses Bild des Seineufers vor dem Institut de France, das Renoir in den letzten Jahren des Zweiten Kaiserreiches gemalt hat, ist eine der ersten bedeutenden Stadtansichten von Paris, die man einem großen Maler zu verdanken hat. Im 18. und am Anfang des 19. Jahrhunderts hatten weniger bekannte Maler, wie Demachy, Raguenet und Canella, mit minutiöser Genauigkeit interessante Bilder ausgeführt, die als Dokumente der Zeit im Museum Carnavalet aufbewahrt werden. Corot, der Pariser, hat fast niemals seine Staffelei in Paris aufgestellt; die Meister von Barbizon zogen die freie Natur vor. Erst der Graveur Méryon und der holländische Maler und Weltreisende Jongkind entdeckten um 1850 die Poesie der Hauptstadt. Manet schilderte die Champs-Elysées und die Weltausstellung. Der Aufbruch der Malerei zur Beschreibung des modernen Lebens in seinem städtischen Rahmen hatte begonnen. Zwei Maler, ganz jung noch, Claude Monet und Renoir, schufen mehrere Bilder, die Aufsehen erregten: Seineufer, den Pont-Neuf, den Louvre, und bei allem die im heiteren Licht des Sommers flanierenden Pariser.

Die Technik Renoirs in diesem Werk ist noch nicht jene – einige Jahre spätere – des Impressionismus. Der Maler liebt es, die Formen, die sein Auge auf den verzauberten Spaziergängen einfängt, in cremigen Farben auf mehreren parallelen Ebenen wiederzugeben. Unter den anmutig schwebenden Wölkchen sehen wir eine Linie, gebildet aus Bauwerken, von denen Renoir keinem den Vorrang gab; seine Aufmerksamkeit galt gleichermaßen dem runden Dom des Institutes mit seinen gelben Einfassungen, dem Palais Mazarin in Blau und Weiß, der Kirche Saint-Gervais, etwas weiter entfernt, und den gewölbten Dächern der beiden Theater an der Place du Châtelet, die Davioud 1862 erbaut hatte. Alle diese alten und neuen Bauten wie auch die Brücken und Quaimauern sind bloß vertrautes Dekor. Lebhafter und mehr ins Auge fallend sind die Farben der schmalen Brücken, der Fahne, der Schiffanlegeplätze, auf denen sich das Volk drängt. Alle diese kleinen Gestalten in Krinolinen und hellen Sommeranzügen sind das sonntägliche Paris der Bourgeois. Mit dem gleichen Vergnügen, das der Künstler beim Malen dieses Bildes empfunden haben mag, beobachten wir einen Soldaten in roter Hose, herumtollende Hunde, spielende Kinder, Müßiggänger, die es sich auf dem Quai bequem gemacht haben, einen Einsamen am Ufer der Seine. Im Grunde genommen ist das Thema dieses Gemäldes die Einschiffung der Pariser nach Kythera, der Insel der Venus, am Ende des Zweiten Kaiserreiches.

Riesiges Ausmaß, Berühmtheit und künstlerische Schönheit machen aus den *Invalides* eine einmalige Schöpfung. Wie der Name sagt, diente das Gebäude dazu, die verwundeten Soldaten – es bot bis zu 7000 Verletzten Platz – aufzunehmen. Seine humane Bestimmung ließ den Philosophen Montesquieu in seinen «Lettres persanes» bemerken, daß er, wäre er Prinz, sich lieber rühmen würde, dieses Gebäude erstellt als zwanzig Schlachten gewonnen zu haben. Später wurden die Invalides Sitz der militärischen Oberbefehlshaber von Paris, zudem ein bedeutendes Museum. Ludwig XIV. ließ den Bau durch Liberal Bruant zwischen 1671 und 1676 errichten. Da er das Gebäude auf dem freien Lande erstellte, den damaligen Bausitten folgend, konnte er auf beiden Seiten je einen Platz von mehr als 400 m reservieren, ganz zu schweigen von dem riesigen Vorplatz. Weitergeführt wurde der Bau von J. Hardouin-Mansart, der 1706 die höchste und harmonischste Kuppel von ganz Frankreich vollendete, deren vergoldete Spitze Chateaubriand zu den letzten Seiten seiner «Memoires d'Outre-Tombe» inspirierte. Das Ereignis, dem der Invalidendom seine größte Beliebtheit beim Volk verdankt, war im Jahre 1840 die Überführung der irdischen Überreste Napoleons. Sein Prachtsarkophag aus rotem Granit wurde 1843 in einer unterirdischen Kapelle unter der Kuppel aufgestellt, wo er mit den Grabstätten der Helden Frankreichs das Ziel unzähliger Besucher ist.

Seit er da steht, also seit 1889, als mit seinen 300 Metern Höhe zwar nicht das erhabenste, gewiß aber das «erhobenste» Denkmal der Welt konstruiert wurde, blieb der Eiffelturm das Symbol und der Fetisch von Paris. Jeder ausländische Besucher ersteht ihn entweder als Postkarte oder als Mini-Modell in vergoldetem Blei. Ist er schön, ist er häßlich? Darüber wurde viel geredet. Im Anfang erschien das gewaltige Eisengestänge häßlich, ja es schien Paris zu entwürdigen. Noch während ihn Ingenieur Eiffel, der Erbauer so großartiger Viadukte wie jenes von Garabot im Jahre 1882, in die Höhe wachsen ließ, protestierten entrüstete Künstler. Doch die Proteste gingen von einer Voraussetzung aus, die bald überholt werden sollte: Man maß ihn nur am Nutzen. Huysmans verglich ihn mit einem hohlen Kerzenständer. Dem großen französischen Lyriker Verlaine jedoch machte er ganz einfach Angst. Im 20. Jahrhundert kam die Wende, zuerst in der künstlerischen Wertung. Der Turm reizte moderne Maler von Rang als Modell. Gegen 1925, unter dem Einfluß des Kubismus und der funktionellen Architektur, bewunderte man mehr und mehr nicht nur das aufgewendete technische Können, sondern die Form, den Stil. Kunstzeitschriften widmeten ihm breit angelegte Studien. Und jetzt wurde er auch genutzt. Farbige Beleuchtungen verwandelten ihn während einiger Jahre in eine gewaltige Plakatsäule. In den beiden ersten Stockwerken wurden Luxusrestaurants eingerichtet. Die Radiotechnik fand in ihm ein außerordentlich geeignetes Instrument. 1898 spielte zwischen ihm und dem Pantheon die erste radioelektrische Verbindung. Fünfzig Jahre lang wurde der Eiffelturm die höchste Fernsehantenne der Welt. Die Einrichtungen im Jahr 1957 verlängerten ihn noch von 300 auf 320 Meter. Eine Scheinwerferanlage mit zwei rotierenden Lichtkegeln zur Warnung der Flugzeuge machte ihn schließlich zum Symbol der «Ville Lumière».

Chaillot, heute eines der elegantesten Quartiere von Paris, war vor drei Jahrhunderten ein namenloses Dorf, das Martine, die Magd der «Femmes savantes» in der gleichnamigen Komödie von Molière, verächtlich nennt. Napoleon träumte davon, auf der Höhe von Chaillot für seinen Sohn, den König von Rom, einen großen Palast erbauen zu lassen. Von dem Traum blieben die grandiosen Pläne. Ausgeführt hingegen wurde anläßlich der Weltausstellung von 1878 der Palais du Trocadéro, ein recht seltsames Gebäude; vom Himmel hoben sich zwei dünne, dunkle, anscheinend orientalische Türme ab. Die Weltausstellung von 1937 wurde den Architekten Carlu, Boileau und Azema zum Anlaß, an seiner Stelle den heutigen gewaltigen Palais de Chaillot zu erbauen. Er überdeckt 70 000 Quadratmeter, umfaßt zwei Flügel von je 195 Metern Länge, im Mitteltrakt zwei monumentale Pavillons, die durch eine Terrasse von 60 Metern Breite getrennt werden. Von hier aus öffnet sich eine großartige Sicht auf das Champ-de-Mars, den Eiffelturm, die Ecole militaire. Trotz der Größe klar gegliedert, ist das Gebäude mit vergoldetem Kalk verkleidet und mit Skulpturen geschmückt. An den Giebeln der Pavillons prangen große Inschriften aus Texten von Paul Valéry. Der Palais de Chaillot stellt eine eigentliche Museumstadt dar; er birgt das Musée de l'homme, das Musée de la Marine und das Musée des monuments français. Vollkommen unter der Erde gibt der Palast auch dem Théâtre de Chaillot Raum, das das modernste von Paris ist. Ein weites Wasserbecken für nächtliches Wasserspiel vervollständigt diesen Bau, der den Stil der dreißiger Jahre verkörpert.

Paris von gestern und heute

Die Champs-Elysées. Stich von Auguste Tilly ca. 1840.

Die eigentliche Belle Epoque verschwand zur Zeit des Ersten Weltkrieges. Das Grabgeleit gaben ihr die «tommies» und «sammies», die hinter ihren im Sonnenglanz entfalteten Standarten in Schwärmen durch den Arc de Triomphe über die Champs-Elysées defilierten – ein unvergeßliches Schauspiel! Es ist voll tiefer Symbolik, daß der glänzende wie unglückliche Frieden des Jahres 1919 nicht in Paris, sondern in der künstlichen Kapitale, die den stolzen Namen «Versailles» trägt, geschlossen wurde. Die versunkene Belle Epoque wurde durch das Paris des «Père de la Victoire» – Ehrentitel des «Tigers» Georges Clémenceau* – abgelöst, ein Paris, das später in Sacha Guitry*, Licht eines toten Gestirns, fortlebte und durch dessen Film «En remontant les Champs-Elysées» legendär wurde; doch errötete bereits Cocteau*, wenn seine surrealistischen Feinde ihn foppten und ihm den Spottnamen «Cocteau, der Pariser» gaben. Die Finanzkrise der dreißiger Jahre, der Streik, der Mißerfolg der Ausstellungen von 1925 und 1937, die Volksfront von 1936, die Niederlage von 1940, die Besetzung, die sozialen und wirtschaftlichen Schwierigkeiten schlugen Paris Wunden, von denen es noch nicht genesen ist.

Nach der «Libération» des Sommers 1944 marschierte General de Gaulle von London her über die Champs-Elysées. Auf den Boulevards sprach man vornehmlich nur noch amerikanisch oder russisch. Seither hat Paris aufgehört, der ganzen Welt die zukunftsformenden, avantgardistischen Ideen zu verkünden. In der Malerei bleiben die Wunder aus, Florenz und

Rom machen im Bereich der Haute Couture Paris den Vorrang streitig, die Weltpolitik wird in Moskau diktiert, in der Konfektion ist der Broadway führend, die Tanzrhythmen ertönen aus Harlem, und die nervenkitzelnden Verrücktheiten feiern Premiere in Hollywood. Seit 1945 entdeckt zwar Paris den deutschen Expressionismus – aber schläft dabei über seiner eigenen ruhmvollen Vergangenheit ein. Die Sinaiwüste, Tschad, Samarkand, Indochina sind Bühnen faszinierender Ereignisse, nicht mehr der Pariser Opernplatz.

Soll Paris sich damit zufriedengeben, nicht mehr der Leuchtturm der Welt zu sein? So oft hat es sich nahe dem Untergang gesehen, seit Sainte Geneviève Attila aufgehalten, seit Gallieni* den General von Kluck* in Schach gehalten und von Choltitz* Hitler den Gehorsam verweigert hat. Paris bleibt die Kapitale des Unverhofften, das Reich der Überraschungen, das heilige Land des Wunders; fahren wir daher zu hoffen fort!

Paris, die alte Verführerin, hat nie aufgehört zu sich zu sagen: «Wie bin ich schön!», genau wie zur Zeit der Jeanne d'Arc Eustache Deschamps* wiederholte: «Nichts läßt sich mit Paris vergleichen.»

Hat man ihm genügend viel Blumen geschickt? «Paris ist das Land von jedermann» oder auch: «In Paris geboren zu werden bedeutet, zweimal Franzose zu sein.»

Man erinnert sich der Rückkehr aus der Verbannung eines sehr anglisierten Chateaubriand*, der an der Barrière de l'Etoile, angewidert von dem Jubel, der noch nach Revolution roch, eine schmutzige, ungepflegte, plebejerhafte Kapitale entdeckte: «Mir schien, ich stiege zur Hölle ab.» Nach und nach wird René* wieder eingefangen durch die Qualität des Esprits der Salons, der ihm so sehr in den Vereinigten Staaten fehlte, durch die Geselligkeit des Publikums, durch alles, was er – endlich entwaffnet – «den liebenswürdigen Betrieb von Paris» betitelt; der Vicomte wird von den Kühnheiten des Thermidor verblüfft: «Wenn das so fortgeht, dann wird man in einem Jahrhundert nur noch mit einem Feigenblatt bekleidet sein.» (Das nennt man Weitblick!)

Als Balzac jung und ungehobelt aus der Touraine eintrifft, bewundert er die guten Manieren von Paris und hält seine Leser auf dem laufenden über das, was schicklich und was unschicklich ist: «A Paris, on ne déjeune pas, on dîne...» «Der größte Verstoß, neben

Die Tuilerien. Der Mitteltrakt wurde 1871 zerstört. Anonymer Stich aus dem 18. Jahrhundert.

Place Louis-XV, heute Place de la Concorde. Anonymer Stich aus dem Besitz der Nationalbibliothek.

Sieben Hügel beschreiben die geographische Lage von Paris, der Stadt des Lichts, nicht anders als Rom, die Ewige Stadt. Im Westen beherrscht der Arc de Triomphe die Höhe von Chaillot. Jeden Abend berauscht der Anblick seiner majestätischen Masse, die sich gegen den Himmel der niedergehenden Sonne erhebt. Von hier oder besser noch vom Flugzeug aus (wie auch auf diesem Bild) gewahrt man die zwölf zusammenlaufenden Avenuen, die sich wie die Strahlen eines Sterns vereinigen. Von daher auch der Name dieses Stadtviertels. Dieser bewußt angelegte Plan zeugt von einer triumphalen architektonischen Selbstdarstellung des napoleonischen Kaiserreichs. Es bedurfte fast eines Jahrhunderts, um dieses Stadtbild zu verwirklichen, in dem sich die cartesianische Klarheit des französischen Geistes spiegelt.

Der Plan eines Triumphbogens war von Napoleon 1806, im Augenblick seiner auffälligsten Siege, gefaßt worden. Indem er sich in der Linie römischer Kaiser sah, verlangte er nach äußeren Zeichen des Ruhms, ähnlich denen Trajans oder Ludwigs XIV. Sein Triumphbogen aber sollte der Welt größter sein, und so schlug ihm Chalgrin, sein Architekt, ein Bauwerk von 49 Metern Höhe und 44 Metern Länge vor.

Militärische Rückschläge unterbrachen den Bau schon kurz nach der Grundsteinlegung. 1825 wurden die Arbeiten wieder aufgenommen und unter Louis-Philippe 1836 vollendet. Das Bauwerk wurde mit Skulpturen besetzt, die die Höhepunkte der kaiserlichen Armee feiern. Unter ihnen sei besonders die «Marseillaise» hervorgehoben, ein Meisterwerk von Rude. Nachdem der Arc de Triomphe schon immer ein Denkmal des Patriotismus und oft enttäuschter Kriegsträume des französischen Volkes gewesen war, erhielt das Bauwerk einen neuen Sinn, als es am 11. November 1920 zum Grabmal des Unbekannten Soldaten wurde, dessen ewige Flamme zu unzähligen Gelegenheiten offizielle Ehrung ebenso empfängt wie die der zahllosen Menge.

«Ich, der unvergleichliche Obelisk,
Stehe gelangweilt auf diesem Platz.»

Mit diesem Vers beginnt das Gedicht «Nostalgies d'Obélisques» von Théophile Gautier. Es gehört in das Werk «Emaux et Camées» (1852), in dem er die Gedanken zweier Monolithe aus rosenfarbenem Granit nachzeichnet.

1831 war es, als Mehemet-Ali, der Vizekönig Ägyptens, dem französischen König Louis-Philippe anbot, den Obelisk auf der Place de la Concorde aufstellen zu lassen. Auf seinem Sockel findet man die Transportarbeiten beschrieben und abgebildet, die bei diesem Block von 230 Tonnen und 23 Metern Höhe nicht gerade gewöhnlich waren. Der Obelisk, den Hieroglyphen zum Ruhme Ramses II. bedecken, ist sicherlich einzigartig in Paris.

Dennoch erregte er zuerst Mißfallen. In den Augen Proudhons erschien er «ebenso deplaziert wie ein Betstuhl in der Börse». Die öffentliche Meinung aber wandelte sich rasch. An einem Morgen eines 1. April beispielsweise kündigte das Radio die Entfernung des Obelisken von seinem Platz an. Die Erregung war unvorstellbar. Telefonanrufe überschlugen sich, und immer wieder hieß es, man könne die Place de la Concorde doch nicht derart entstellen.

Die Lage des Obelisks in der Achse zwischen den Triumphbögen auf der Place du Carrousel und Place de l'Etoile ist beinahe ideal. Die Reinheit dieses Bauwerks der frühesten Zeit, an das sich das Auge seit der Romantik gewöhnte, fügt sich vollkommen in die Eigenheit dieses Platzes. Hier erscheint es als Kunstwerk, dem die Zeit nichts hat anhaben können.

Steht man bei Sonnenuntergang auf der Terrasse des Tuilerienparkes, gleicht die riesige, von unzähligen Kandelabern erleuchtete Place de la Concorde einem schwindelerregenden Ameisenhaufen von Autos. Dennoch wirken die Schönheit und die harmonischen Proportionen dieses quadratischen Platzes überwältigend; die Brunnen, die Bildwerke und die beiden Hôtels an der östlichen Flanke geben ihm eine Noblesse, die die Erinnerung an seinen ursprünglichen Namen «Place Royale» wachruft.

Seinen Ursprung verdankt der Platz dem Wunsche der Pariser Schöffen, ihrem König Ludwig XV. ein Standbild aufzustellen. Unter neunzehn Architekten wurde ein Wettbewerb veranstaltet, um Vorschläge für den Aufstellungsort und dessen Gestaltung zu erhalten. Den ersten Preis erhielt Jacques-Ange Gabriel, der den freien und verwilderten Platz zwischen den Tuilerien und den Champs-Elysées benutzen wollte, um dem von Bildhauer Edmé Bochardon geschaffenen Reiterbildnis des «Bien-Aimé», des «Vielgeliebten», eine würdige Umgebung zu schaffen. Er gab der «Place Royale» die Form eines Oktogons und grenzte sie mit Balustraden ab, die von acht Pavillons unterbrochen waren.

Im Jahre 1792 wurde das Standbild des Königs entfernt, und der «Königsplatz» wurde zur «Place de la Révolution». Am 21. Januar 1793 wurde hier die Guillotine aufgestellt, der Ludwig XVI., Marie-Antoinette, Madame Dubarry, Charlotte Corday, Marat, Danton und seine Freunde, der Bischof Lamourette und die Girondisten zum Opfer fielen. 1795 fanden die letzten Enthauptungen statt. Das die Revolutionsregierung ablösende Direktorium gab diesem blutgetränkten Ort einen neuen, versöhnlichen Namen: «Place de la Concorde» – Platz der Eintracht.

Öffentlich zugängliche Brunnen gab es im alten Paris sehr häufig. Mit ihrem immerwährenden Geplätscher belebten sie die Stadt, wie sie es heute noch in Italien tun. Seit sich jedoch die Wasserleitung durchgesetzt hatte, verschwanden sie nach und nach. So werden die wenigen, die überdauerten, um so mehr geschätzt. Auch jene, die, wie der Brunnen in Chaillot, erst in neuerer Zeit geschaffen wurden. Zu bestimmten Festtagen erstrahlen sie in der Farbenpracht von Lichtspielen.

Die beeindruckendste Erscheinung unter ihnen ist zweifellos die Gruppe der beiden Brunnen auf der Place de la Concorde. Nach den Plänen von Hittorf in den Jahren zwischen 1836 und 1849 erbaut, stellen sie mit einer Höhe von neun Metern einen Anklang an die Brunnen von Sankt Peter in Rom dar. Die dreistufigen Becken versinnbildlichen See- und Flußschiffahrt, deren figuraler Ausdruck (Nereiden und Tritonen) mit jenem von Versailles rivalisiert.

Hinter den Brunnen erkennt man das architektonische Meisterwerk von Gabriel, die Anordnung zweier Palais, die ebenso weiträumig (jedes mißt 95 Meter in der Breite) und harmonisch aufeinander abgestimmt wie geschichtsbeladen sind. Erbaut wurden die Gebäude in den Jahren 1760 bis 1775. Sie waren der Ort, an dem 1778 der Vertrag unterzeichnet wurde, womit Frankreich als erster Staat die Unabhängigkeit der Vereinigten Staaten von Amerika anerkannte. Hier wurde ebenfalls im Jahre 1919 der Völkerbundsvertrag ausgearbeitet. Heute teilen sich das Gebäude zur Linken, das zuerst die Residenz der Sonderbotschafter war, der Automobilklub und das Hotel Crillon. Das Gebäude zur Rechten, das ursprünglich als Möbel-Abstellraum der Krone diente, wurde Marineministerium. Seine Salons sind mit einer bestechenden Holztäfelung aus der Zeit Ludwig XV. geschmückt.

Zwischen den beiden Palästen erkennt man am Ende der Rue Royale die Madeleine, die Magdalenenkirche, deren Säulenumgang und antikisches Giebeldach jenem des Palais-Bourbon auf der anderen Seineseite entspricht. Das Bauwerk, das unter Napoleon als Ruhmestempel begonnen worden war, wurde erst 1842 vollendet. Die Madeleine, eine etwas schwerfällige Nachahmung römischer Kunst, aber geräumiger als alle antiken Tempel, verkörpert die ehrgeizigen Vorstellungen Napoleons und rundet gleicherweise die Monumentalität des Ganzen ab.

Zwischen dem Louvre und der Place de la Concorde, zwischen der Rue de Rivoli und der Seine breitet der Garten der Tuilerien seine klassische Regelmäßigkeit aus. Mit seinen 920 Metern Länge und 325 Metern Breite ist er Paris größter Garten. Die durch zwei Bassins hervorgehobene Hauptallee erscheint wie eine vollendete Gerade, die sich bis zum Arc de Triomphe verlängert. Eingefaßt ist sie durch Blumenbeete, schachbrettartige Ornamente und wunderschöne Bäume.

Der Park, der zur selben Zeit wie das Palais der Katharina von Medici geschaffen wurde, war überhaupt die erste öffentliche Promenade in Paris. Corneille diente er ebenso wie dem Abbé Prévost als Kulisse zu einigen Werken. Heute ist er nicht mehr von solch illustrer Bedeutung und eher der Ort, wo man die Kinder spazierenfährt und die Touristen ihre Sehlust stillen. Immer noch aber bewahrt er eine Sammlung mythologischer und allegorischer Darstellungen, in Marmor gearbeitet, die ganz den Geist von Versailles spiegeln. Die wichtigsten unter ihnen sind Werke von Coyzevox, Le Paultre und Nicolas Coustou. Erst vor kurzem wurde in jenem Teil nahe dem Louvre, der zur Zeit der Kommune zerstört worden war, eine sehr beachtliche Bronzeserie von Maillot aufgestellt. Diese Ausstellung in der Art eines Freiluftmuseums, die einer Anregung André Malraux' zu verdanken ist, vereinigt in einer einzigartigen Weise klassische Werke mit denen moderner Künstler.

Pissarro näherte sich dem Ende seines Lebens (1903), als er im Jahre 1899 – neunundsechzigjährig – diese Ansicht der Tuilerien malte. Ein Augenleiden zwang ihn, die Arbeit im Freien einzuschränken, doch gewöhnt, mit äußerster Gewissenhaftigkeit nach der Natur zu malen, quartierte er sich in einem oberen Stockwerk eines Pariser Hotels ein und malte, «was man vom Fenster aus sehen konnte». Das Ergebnis war eine originelle und sehr lebendige Darstellung von Stadtansichten in einer Reihe von Gemälden, deren Motive sich in der Umgebung des Louvre finden: die Avenue de l'Opéra, die Place du Théâtre-Français, die Cour du Carrousel. Hier haben wir ein recht umfassendes Panorama der Tuilerien, gesehen von der Rue de Rivoli aus in Richtung Süden. In dieser Weite hellgrüner Rasenflächen, diesen Avenuen aus rosafarbenem Kies, gesäumt von dichten Baumgruppen, findet Pissarro die Natur wieder, die er so selten verlassen hat und deren stoffliche und atmosphärische Nuancen er mit solch erstaunlicher Sicherheit wiederzugeben weiß, so sehr, daß dieser Jude aus den Antillen zusammen mit Millet zweifellos zu den wahrhaftigsten Malern der Landschaft und der Menschen der Ile-de-France zählt. Auf diesem Bild bleibt jedoch die Stadt sichtbar, angedeutet durch die bläulichen Häuser an der Rive gauche – dem linken Ufer –, die fast den ganzen Horizont einnehmen. Man erkennt die zwei Türme der Kirche Sainte-Clotilde, des gotischen Bauwerkes von Viollet-le-Duc, hinter dem sich der verblichene Invalidendom versteckt. Verglichen mit den Menschenmengen, die Pissarro sonst auf seine Boulevards ausstreut, sind die Spaziergänger in den Alleen dünn gesät; wahrscheinlich lädt die kühle Witterung nicht ein zum Promenieren. Der jahreszeitenbewußte Pissarro läßt den Frühlingsbeginn vor uns erstehen: die Bäume, die bald gesprenkelt sind mit rötlichen Knospen, bald eingehüllt von einem feinen Schleier jungen Laubes, das von Gelb in ein helles Smaragdgrün übergeht. Hier hat die Beherrschung der Farben durch den Maler ihren Höhepunkt erreicht. Nach den Erfahrungen mit dem Realismus à la Courbet, à la Corot, dem Impressionismus, dem Pointillismus, aufgenommen und ausgeschöpft, gelangte der Künstler zu dieser geschmeidigen Synthese der spontan entworfenen Form und der anmutig, in wunderbarer Zartheit hingetupften Farbe. Das Kristallblau des Bassins, eingerahmt vom rosenblättrigen Rot des Kieses, die zarte Symphonie der Grüntöne, in die sich schneeweiße Flecken mischen, alles umgeben von einem Streifen prächtigen Rots, der unmerkliche Übergang von Blau zu Lila in der Weite des Himmels: dieser herrliche Farbenrausch ist die Entdeckung des Impressionismus, der die «Malküchen» der Ateliers flieht. Cézanne, der ihm diese Offenbarung verdankt, nennt ihn «den bescheidenen und gewaltigen Pissarro».

C. Pissarro. 1899

Der Louvre, das wohl größte Bauwerk in Paris, ist das Werk von vier Jahrhunderten: von Franz I. bis Napoleon III. Sein Grundriß ist überraschend einfach. Im XVI. Jahrhundert umfaßte er zwei nicht miteinander verbundene Gebäude, und zwar den eigentlichen Louvre, der 1546 von Pierre Lescot begonnen worden war, und das heute zerstörte Tuilerien-Palais, das Katharina von Medici 1563 dem Philibert Delorme in Auftrag gab. Seitdem verfolgten die Herrscher Frankreichs, die Könige zuerst und dann die Kaiser, mit Hartnäckigkeit den etwas paradoxen Plan, beide Gebäude zu einem mächtigen Ganzen zu vereinigen, dessen bunter Stil sich harmonisch zusammenfügen sollte.

Als dieser Plan sich schließlich am Ende der Herrschaft von Napoleon III. verwirklichte, stellte er die umfangreichste architektonische Leistung der Welt überhaupt dar. Das Schicksal aber schenkte ihr nur einige Jahre, denn 1871 gerieten die Tuilerien in Brand, deren Mauern zwar hätten gerettet werden können, aber aus politischen Gründen dann doch zerstört wurden. Die Schönheit des Louvre wurde einer weiteren Ungunst der Zeit ausgesetzt, die Léon Daudet die Torheit des 19. Jahrhunderts genannt hatte. Gemeint war ein Geschmacksverfall, der zu den plumpen Anbauten des Zweiten Kaiserreichs führte. Dennoch stellen einige Partien (der Hof zum Beispiel, die Kolonnade von Perrault und die fast einhundert Meter lange Galerie am Seineufer) Glanzformen klassischen Stiles dar, deren aufgefrischter Verputz sie zu neuer Geltung bringt.

Auf dem Bild erkennt man den Nordflügel, der 1806 von Percier und Fontaine für Napoleon I. entworfen worden war. Er bildet einen Winkel mit dem Pavillon Turgot, der Visconti, dem Architekten Napoleons III., zu verdanken ist.

Davor sieht man den Triumphbogen, der von Denon in den Jahren zwischen 1806 und 1808 erbaut wurde. Er ist eine der reinsten Schöpfungen des Ersten Kaiserreichs und eine der wenigen, die nicht ins Kolossale streben. Der Triumphbogen wurde Napoleon und seinem Sieg von 1805 zu Ehren errichtet. So zeigt er Flachreliefs historischen Inhalts und allegorische Figuren. Unter ihnen ist der Triumphwagen mit den vier Bronzepferden zu nennen, die ursprünglich jene von Sankt Markus in Venedig waren, 1815 jedoch zurückerstattet wurden. Dieser in weißem und rotem Marmor gebildete Triumphbogen, der an jenen des Septimus Severus in Rom erinnert, ist ein Zeichen der ungebrochenen Verehrung der Antike, auf der die französische Kultur gründet.

Kardinalspalais, so nannte man das heutige Königspalais, als es 1629 bis 1639 von Jacques Lemercier für Armand de Richelieu, Minister unter Ludwig XIII. und Frankreichs berühmtester Minister überhaupt, erbaut worden war. Von seiner Schönheit gibt schon Corneilles «Lügner» Zeugnis, wenn der Held des Stücks ausruft:

«Welch erlesene Proportionen, welche Schönheit in diesen Prachtbauten...
Das ganze Universum kann Gleiches nicht sehen,
Das diesem prunkvollen Äußeren des Kardinalspalastes standhielte.»

Richelieu starb dort 1642 und vermachte das Palais dem König. Nach ihm zog Anna von Österreich mit ihren beiden Söhnen ein, Ludwig XIV. und Philipp von Orléans. 1672 ging das Gebäude in den Erbbesitz von Philipp über und blieb im Besitz derer von Orléans bis zu Philippe-Egalité. Heute beherbergt das Gebäude zwei öffentliche Ämter, den Staatsrat und die Direktion der Schönen Künste.

Den größten Anziehungspunkt des Königspalais stellt der Garten dar: ein Rechteck von 225 Metern Länge, das von eleganten und harmonischen Fassaden umgeben ist, die von Louis, einem der größten Architekten des 18. Jahrhunderts, in den Jahren 1781 bis 1784 errichtet wurden. Auf der Abbildung rechts ist die Galerie zu sehen, wie sie sich heute, von Schaufenstern und Läden befreit, darstellt. Ein Ehrenhof trennt sie vom Palais.

Diese Orte, heute ganz in Ruhe gehüllt, waren ehemals Zentrum überbordenden Lebens. Hier war es denn auch, als Camille Desmoulins am 13. Juli 1789 die Menge zu den Waffen rief. Das galante Leben zur Zeit des «Direktoriums» ließ hier die modebewußten sogenannten «Merveilleuses» und «Incroyables» zusammenfinden. In unseren Tagen beendeten in den Räumen, die auf die Gärten hinausgehen, zwei berühmte Schriftsteller ihr Leben: Colette und Jean Cocteau.

stammt, so sind die Eckensteher in den großen Städten zu Hause. Schon Corneille schreibt in seinen Versen über Paris:

«Man läßt sich hier wie überall in Frankreich täuschen,
und unter soviel Geist, vermeint man,
seien Gaffer höflicher und gesitteter als anderswo.»

Will man unseren alten Autoren glauben, so haben die Pariser mit der Nase in der Luft gelebt. «Wegen eines entwichenen Zeisigs ist die ganze Straße verstopft», notiert Mercier*. Wie die der Schwätzer ist diese Rasse der Bummler verschwunden; verschwunden sind auch die Spaziergänger mit den Hunden und die eleganten Müßiggänger, die am Nachmittag sich frisieren ließen, bevor sie ihre Stippvisiten machten, verschwunden sind auch die Opernbesucher, die nach der Vorstellung ihre Gattinnen heimbegleiteten und sich dann zum Essen in ihren Kreisen trafen.

Wenn es diese Pariser noch gäbe, hörte man sie sagen: «Mein Herr, zu meiner Zeit war Paris französisch!»

«Ah, mein altes linkes Ufer... !»

«In meiner Jugend ließ Paris sich lieben wie ein Frau!»

«Halt ein, verfluchtes Weib!»

«Meine Straße, das war meine Pfarrei... Mein Viertel glich keinem andern...»

«Man kann nicht mehr auf den Quais spazieren; erinnern Sie sich der Zeit, da Nodier* bei einem Bouquinisten einen ‹Songe de Polyphile›, Ausgabe Aldes*, entdeckte?»

«Mein Lieber, es bleibt uns nichts übrig als die Stiche von Debucourt*, die Tafeln von Moreau le Jeune*, die Skizzen von Cochin* zu durchblättern!»

Alle diese Aussprüche faßt ein Seufzer der Goncourts* zusammen: «Das Paris, in das ich geboren wurde, verschwindet materiell und moralisch... Diese Boulevards ohne Krümmungen, unerbittlich in ihren Geraden, die nichts mehr von den Welten Balzacs in sich haben...» Hat nicht Baudelaire in zwei unsterblichen Versen alles über dieses Paris gesagt?

«Das alte Paris ist nicht mehr. Die Gestalt einer Stadt verändert sich schneller als – ach! – das sterbliche Herz.»

Diese Lobredner vergangener Zeiten, diese Heimwehgeplagten, diese kleinen Händler, Feinde der Verbrauchergesellschaft, diese Parasiten der großen Städte müssen jenseits des Styx' eines der kleinen Gewerbe betreiben, die unsere Väter entzückten: professionelle Billardspieler, Kuchenverkäufer, Wiederverkäufer von Brotresten, Taubennudler, Spatzenzähmer, Statisten oder Claqueure des «Ambigu-Comique», Verkäuferinnen von Holzkohle für Fußwärmer, Verleiher von Blutegeln, alles Erscheinungen, die man in den famosen Erinnerungen von Privat d'Anglemont* wiederfindet und die man auf den Ausflügen von Léon-Paul Fargue antraf, wenn er die Damen der guten Gesellschaft zur Erforschung des Gewimmels des Boulevard Sébastopol ausführte. «Welch reizvoller Korridor aus emaillierten Ziegelsteinen!» und «Welch seltsame Laterne...», höre ich noch eine sagen, die dem «Piéton de Paris» in einem düstern Haus der «Halles» mit dem Schauder einer nach Abenteuern gierigen Neophytin voranging. «Das ist ein Bordell, Madame Herzogin», erklärte hinter ihr der dumpfe Bariton des Dichters. «Es gibt in Paris gewisse entehrte Straßen...», schrieb schon Balzac. Es sind jene Straßen, die Léon-Paul Fargue 1925 wieder zu Ehren brachte, die «Quartiere der Wanzen und der Verbrechen».

Nachts kann sich keine andere Hauptstadt mit Paris vergleichen. Alles, was das Tageslicht bloßgestellt und erniedrigt hat, gewinnt seinen Vorrang zurück. Die Schüler haben nicht die Erlaubnis, nach dem Abendessen auszugehen. Meine erste Nacht, die ich als Student auswärts verbrachte, was für eine Offenbarung! Die Erinnerung daran ist unversehrt geblieben. Als ich ausging, war es drei Uhr morgens. Nichts war da, kein Himmel, keine Fenster, kein Wind, keine Katze. Einfach gar nichts. Der Regen hörte auf, wodurch sich der Finsternis die Leere zugesellte.

Ich schlug den Boulevard Malesherbes ein, die Rue Royale. Der Wachtposten war eingezogen worden, und das Schilderhäuschen gähnte. Eine Seuche, die sogar ihre Toten gefressen haben mochte, hatte Straßen und Trottoirs gesäubert. Ich hatte gehört, daß Paris eine stille, zivilisierte Stadt wäre, wo nie etwas passierte.

Nein, das ist nicht wahr. Wenn die Jalousien von Paris nichts versteckten, dann gäbe es bei uns keine Künstler, keine Dichter, keine Liebespaare, keine Mörder. Hinter den

Jalousienbrettchen aus Holz, Plättchen aus Eisen, gäbe es keine Tränen; die Erwartungen des Abends sickerten nicht durch die Jalousien, die geradewegs aus dem Orient gekommen sind und die man ehemals Persianen nannte.

Die Tugenden haben ihre Stunde wie die Laster; die individuellen Tugenden folgen nachts den sozialen Qualitäten, die Intelligenz hat den Vortritt vor dem Charakter, die Gerechtigkeit vor dem Gefühl; die Vorsicht, der Schwung, die Duldsamkeit, die Güte halten ihren Einzug mit den ersten Lichtern des Tages, wenn wir unser Fenster öffnen, aber die Heldenhaftigkeit, die Uneigennützigkeit und – ganz allgemein – unsere echten Gaben sind Kinder der Nacht. So auch die Laster: Die Perversität, die Literatur, der Geschmack am Skandal, die Droge, der Narzißmus, die Verschwendung oder die Lektüre erscheinen erst in der Dämmerung und überlassen dem Tag das Gewicht der anderen Missetaten.

Ich überquerte die Place de la Concorde, deren Statuen auf ihren Steinsitzen mich ohne Zärtlichkeit anschauten, durchschritt die Champs-Elysées, erreichte den Cours-la-Reine, ohne eine Seele oder einen Körper zu erblicken. Paris konnte genommen werden, und niemand wollte es.

Ich stellte mich auf die Probe. Die Stadt war es, die unrecht hatte, und ich hatte recht. Ich war vorhanden, und vor mir gab es nichts als eine Wüste. Ein gewaltiges, massiges Nichts, woran die Lichter zersplitterten. Die Lichter. Sie leisten in der Leere der Nacht stumpfsinnig ihren Dienst, als ob Millionen von Menschen die Straßen beleben. Sie geben all ihren Glanz, wie das Radio an der Seite eines Toten weiterhin einen Walzer spielt.

Ich sagte mir, die Nacht sei nicht das Negativ des Tages. Die Oberflächen hören nicht auf, weiß zu sein, um schwarz zu werden; in Wirklichkeit sind es nur nicht mehr die gleichen Bilder. Alles verändert sich am Abend zu einer dämmerigen Grenzenlosigkeit und verliert sich in irrealen Perspektiven und Ebenen; das ist eine Schöpfung, die man nicht einfach dämonisch nennen kann (das wäre allzu bequem), die jedoch überrascht und durch ihre Seltsamkeit verwirrt. Paris, Hauptstadt der Vernunft, ein immer flottes Schiff, Lichtstadt, entgeht dem so wenig wie andere städtische Gebilde.

Dieses nächtliche Paris ist nicht das Paris der romantischen Tradition, die seit der Höhlenzeit der Champs-Elysées in den «Mystères de Paris*» bis zu den Taten der mageren Risiken des «Lapin-Agile*» treuherzig weitergesponnen wird; ich will von einer echten Gefahr reden, von jener Kehrseite nächtlicher Intelligenz, von jenem Unterbewußtsein der französischen Nation, die um so ergiebiger ist, je besser sie sich unter einem scheinbaren Gleichgewicht verbirgt. Der am Tage so brave Franzose ist aufrührerisch in seinen Träumen; als Blüte einer aufgeweckten Zivilisation senkt er nur im Schlafe seine extravaganten Wurzeln in das große universelle Geheimnis. Das macht Paris zu einem viel furchtbarern Ort, als der finsterste Waldwinkel oder die Spelunken von London, Chicago, Berlin es sind.

Schon waren die Schatten der Nachtarbeiter aus ihrem Schlaf erwacht und begaben sich zur zweiten Schicht. Die Bäckergesellen rührten den Teig, richteten den Vorrat für den Morgen; dabei schürten sie die Glut um, daß sie auf der einen Seite weiß und auf der andern rot aussah, zweigeteilt wie die Schweizergarden. Die alten Pumpen stießen in den engen Straßen des alten Montmartre ihre dünnen Räuchlein aus, die zu den Sternen stiegen, während die Abortleerer in Gummistiefeln Schläuche, die sich auf der feuchten Chaussee wie Schlangen wanden, mit Eisenringen aneinanderschraubten. Diese verschwanden wie Klistiere in den Hintern der Häuser, die auf die Nacht gewartet hatten, um sich zu erleichtern.

An den Straßenecken lauerten die Dirnen, sie stellten ihre Brüste nicht heraus, sie zeigten kein geblümtes Strumpfband, sie setzten sich nicht auf die Knie der Männer, wie es die Französinnen in den Witzblättern des Auslands machen. Sie provozierten nur mit ihrer Unbeweglichkeit oder mit ihrem Stummsein, sie winkten im Vorübergehen nur mit den Wimpern, und ihre Lippen, die aufeinander klebten, waren zu keinem Kuß bereit. Die Polizisten in Zivil kreuzten sich, und ihre lässigen Wanderungen entsprachen genauen Marschvorschriften. Sie fragten zuweilen zweifelhafte Frauen aus, aber wenn das Geschäft schon beschlossen war, ließen sie ihm seinen Lauf wie Jagdaufseher, die je nach der Jahreszeit bestimmtes Wild schonen.

Zu Füßen des Sacré-Cœur hielten die Autocars «Paris-la-nuit», «Paris by night», «Paris bei Nacht», «Paris de noche». Die Fremden stiegen zur Place du Tertre hinauf; der Speaker gab erstaunliche Erklärungen ab: «An diesem Platz wohnen die französischen Künstler und Dichter.» Straßenhändler verkauften die «Marseillaise de Montmartre». Pflasterer lagerten um einen Kohlenofen und schliefen, mitten in der Stadt, den schweren Schlaf der Bauern, während die Clochards die Nacht auf den Rosten der städtischen Heizung zubrachten.

Auf dem Montparnasse kreuzte ich abermals die Autocars «Paris-la-nuit». Sie kamen geradewegs aus den Katakomben, aus der Rue Mouffetard, wo jene Häuser stehen, die man in Hollywood baut, um Paris darzustellen. Ich hörte, wie Nordländer und Asiaten einander erzählten, daß sie beim Schein einer Kellerlampe in den Untergrund abgestiegen wären, ein Hellebardier sei ihnen vorausgegangen; sie sprachen vom Tunnel der Diebe, von redenden Brunnen, wo M. Jakal, der Polizist der «Mohicans de Paris*», die bonapartistischen Verschwörer belauschte. Ohne Zweifel hatte man ihnen auch jenes falsche Nachtasyl gezeigt, zu fünfzig Centimes, wo, im Dunkel, sechs Gliederpuppen schlafen.

Ein Uhr morgens. Um diese Stunde rechtfertigte die Rue de la Gaîté nicht mehr ihren fröhlichen Namen. Ihre Kasinos, ihre Music-halls, ihre Kinos, ihre Theater waren schon geschlossen, verlöscht. Und auch die Säle, in denen man Grammophone hören konnte und wo empfohlen war, «nicht zu singen». An den Ecken die Marronibrater, die Spanisch-Nüßchen-Händler, die Verkäufer von Orangen, Pfannkuchen und Karameläpfeln. Austerndegustation. An der Ecke des Boulevard Raspail der Tabakladen mit Zeitungen in allen Sprachen. Die großen kosmopolitischen Cafés boten ein betrübliches Schauspiel, das hundertmal von allen amerikanischen Romanciers der Nachkriegszeit beschrieben worden ist. Die ganze «Heilsarmee des Lasters», wie Sinclair Lewis sagt, war auf den Terrassen.

Man hatte Paris umgebracht. Es krepierte ganz allein unter dem lauen Regenguß, ohne daß die Globetrotter, die die Augen verdrehen und so tun, als liebten sie es und könnten es nicht vermissen, ihm eine hilfreiche Hand geboten hätten. Das Herz der Stadt schlug nicht mehr. In jener Nacht hatte Paris weder ein böses noch ein obszönes Gesicht. Es hatte sogar ein sehr schickliches Aussehen für einen Ort, wo so viele schreckliche Dinge geschehen sind. Mit einer bürgerlichen und fast provinziellen Würde war es dem Alter erlegen und der Müdigkeit, weil es allzuviel genossen und allzuviel gesprochen hatte.

Die «cotillons» und die «jupes», die Fußgänger und die Fahrräder, die Flugblätter und die Zeitungen, die Stöcke und die Spatzen, kurz, alles Zubehör der Straße hatte sich auf Fußspitzen zurückgezogen, wie Entlastungszeugen, die nicht in einer schmutzigen Affäre bloßgestellt werden wollen.

Eine Lache von Öl, das aus dem undichten Motor eines Autos getropft war, breitete sich in der Mitte des Rond-Point aus; hatte sie den Sturm gestillt und diese entsetzliche Meeresstille hervorgerufen? Waren alle Pariser tot? Waren sie eingeschlafen, um nicht mehr zu erwachen, auf den Grund des Abgrundes abgestiegen? Die Einrichtung, die dazu dient, uns aus der Tiefe des Schlafs zu holen, hatte sie bei meinem ersten Nachtwandelversuch versagt?

War die Politik an allem schuld? Die Schlagworte der Barrikaden, der Agitatoren, der Aufwiegler, der Friedensstörer, der soziale Vulkan, die militärische Eskalation, die Revolution hatten an jenem Tag, nein, in jener Nacht, keinen Sinn.

Nichts rührte sich, entzündete sich, erhob sich. Keine Ruine, keine Plünderung. Eisen und Feuer schliefen wie alles andere. Die Geißel blieb unsichtbar. Die Erschütterung verlief unendlich ruhig. Wie die schleichende Auszehrung einer blutarmen Person, die dank einer vollendeten Erziehung sich klaglos auflöst, ohne sich ihres Zustandes bewußt zu sein.

Paris ist jene Weltgegend, wo die Nacht am wenigsten erschreckt, dachte ich. Der Schatten ist kurz, leicht und außer bestimmten Augenblicken ganz erträglich. Sie ist viel weniger fröhlich als die orientalische Nacht, aber sie verbreitet auch keinen leichten Leichengeruch, wie man ihn anderswo so oft empfindet.

Nachdem der Pariser die Türe verriegelt hat, schläft er, mit sich allein gelassen. Da er beim Tageslicht in Freiheit lebt, behält er sich keine geheimen Stunden vor, um zu tun, was er will, um mehreren Personen in einer nachzujagen, um seine unmoralischen Absichten zu verwirklichen, um jene Erregungen, die er beim Licht der Sonne keusch unterbrochen hat, auf den Höhepunkt zu treiben. In Sachen «Träumerei» beweist der Pariser einen guten Magen; er verdaut alle seine Begierden im Wachzustand; er führt mit lächerlicher Leichtigkeit die giftigsten Bedrängnisse ab.

Im Verlauf meiner ersten in Paris verbrachten Nacht hatte sich nichts ereignet. Die leuchtenden Springbrunnen in Organdi waren wie Kunstreiterinnen im Zirkus der Concorde. Alle grauen Katzen hörten unter der glitzernden Beleuchtung auf, grau zu sein. Mit dem Inkognito eines Königs erwarteten die Clochards die Stunde, zu der sie die Gemüsekarren und die Gemüsezüge entladen konnten. Gekrümmt unter Lasten von Blumenkohl wie andere unter ihren Sorgen; die Schienenschleifer der Straßenbahnen starrten mit ihren Eisenbrillen auf malvenfarbige Feuerwerke; im Untergeschoß der Bäcker war der Teig bereitet. Ich sagte mir: Gehen wir schlafen, «les jeux sont faits», der Teig ist gebacken, die Zeitungen sind gedruckt, man muß sie verschlingen; die Frauen gebären, die Lumpensammler finden in den Mülleimern die Lotterielose, die ein Wirrkopf aus Versehen weggeworfen hat. Die Nacht geht durch so feine Zufälligkeiten in die Dämmerung über, auf einem so sanften Hangweg, daß wir sie vermissen, bevor sie uns überhaupt verlassen hat und der Tag sich zu röten beginnt.

Die malerischsten Gestalten von Paris finde ich vier Uhr morgens bei Dupont*: Arbeiterinnen, Setzer, Reporter, Chasseurs der Restaurants, Toilettenfrauen, kleinbürgerliches Volk, deren Kaffeefilter aus Nickel im Lichtglanz der Kerzen die bescheidene soziale Stellung aufscheinen lassen. Die elektrischen Lampen blenden und brennen die Augen wie Fleckenwasser. Blätterteighörnchen, Kuchen, Pommes frites in Cellophanpäckchen. Blumenverkäuferinnen öffnen ihre Geldtasche und zählen ihren Kupfer- und Nickelverdienst. Auf der Tafel, die an der Decke wie ein Lüster hängt, liest man: «Chez Dupont, tout est bon.» «Ramuntchos» in weißen Regenmänteln und mit Baskenmützen unterhalten sich übers Schmuggeln. Über den Gaumont-Palace rieseln keine Lichtfluten mehr, die vielleicht bei den Toten des benachbarten Friedhofs Montmartre unterirdische Gewissensbisse weckten. Die Clichy-Passage ist verlassen, trotz eines Dutzends Schilder berüchtigter Hotels. Das «Pompadour» hat kein Lächeln übrig für die Clochards, die hingestreckt am Boden liegen, auf der Streu aus Zeitungen. Die Gesichter sind bleich und fahl geworden. Allzu alte Matrosen warten vor dem «Sandwich idéal». (Eine Theaterzeitung forderte kürzlich die Unterdrückung der unechten Matrosen.)

Nachdem ich aus dieser Oase der Wärme und des Lichtes hinausgetreten bin, stürze ich in die tödliche Stille des Quartier d'Europe. Von drei bis fünf schläft Paris wirklich. Im Bahnhofsareal von Saint-Lazare leuchten die Signale umsonst, denn um diese Zeit kommen in den Bahnhöfen keine Züge an, und keine fahren ab. Auf den Bänken der Boulevards sitzen nur noch einige alte Damen; sie sprechen ein ausgezeichnetes Französisch, und man schließt auf Komtessen, die Unglück hatten; ein aristokratisches Profil löst sich aus seiner Pelzverbrämung, die aus tausend Kaninchenfellen Stück für Stück zusammengestoppelt ist. Die Schatten der Bäume steigen an den Mauern hinauf wie Spalier. Nachts macht die Comédie-Française* Pause, kein Lichtstrahl dringt aus dem Büro des Verwalters und des schlummernden Concierges, der wieder den Türzieher bedient, wenn bei morgendlichem Hahnenschrei

Reiterspiele auf der Place Royale, heute Place des Vosges. Anonymer Stich aus dem Jahre 1612.

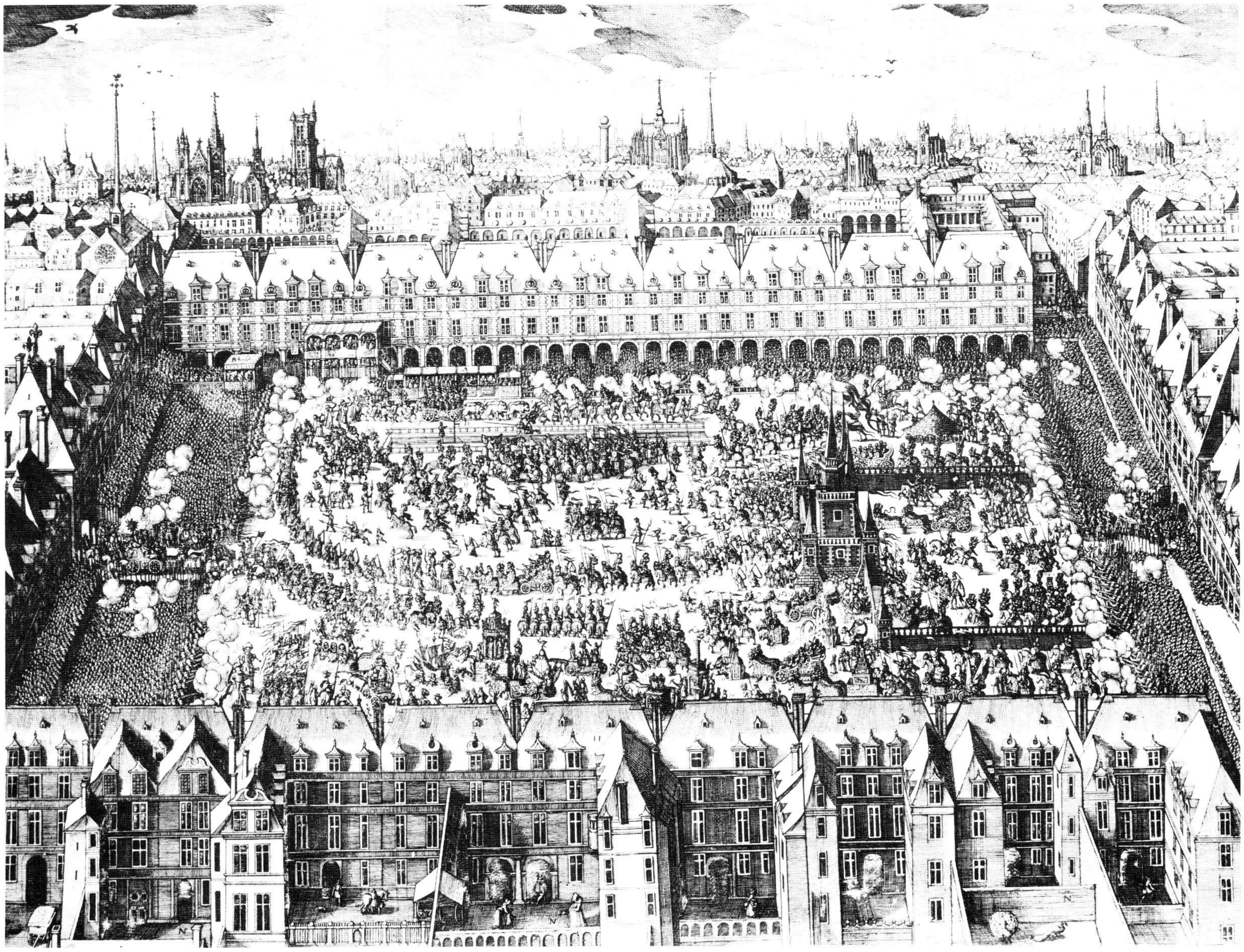

die Phantomgestalten von Beaumarchais* und Marivaux* zum Schlafen heimkehren. Vor der Bank von Frankreich bewacht ein Gendarm der Garde républicaine im wollenen Umhang die letzten Goldmilliarden, die uns geblieben sind.

Paris erwacht wirklich. Es taucht nicht aus der Nacht so wie andere große Städte, die aus einer Orgie, einem Rausch, einem Elend erwachen, einem Elend, das noch größer ist als das des Tages. Jawohl, Paris hat den fröhlichen Mut der alten Handwerker mit weißem Kinnbart. Sofort nach dem unterirdischen Grollen der ersten Metro hört man weithin den Lärm seiner Werkgeräte, die sich mit moderneren Geräuschen mischen, mit denen der Lastwagen, dem Knattern der Motoren, mit den Hupen, mit den Pfiffen der Eisenbahnen. Die Sirenen von Levallois, von Saint-Ouen, von Montrouge, von Moulineaux, von Grenelle verbreiten über den Stadtrand hinaus den Pulsschlag der großen Arbeitswellen. Die Gemüseplätze, die zwischen Stadt und Land die Verbindung bilden, erwachen als erste, dann die Banlieue, die «Zone», dann der Gürtel, dann die äußeren Boulevards, schließlich die Innenviertel – im Gegensatz zum Körper des Menschen, wo das Hirn vor den Gliedern zum Bewußtsein kommt. Ich sehe mit meinen forschenden Augen, die an alle Nuancen des Lichts gewöhnt sind, diese geheimnisvolle Morgendämmerung und erspüre das Erwachen in einer Art, die mir früher unbekannt war, dieses Erwachen einer Stadt zu einer Stunde, da die eigentlichen Pariser, wie alle nervösen Menschen, am tiefsten schlafen. Ich kehre heim und lege mich ebenfalls hin. Von meinem Bett aus höre ich die Marschschritte der Soldaten; in der Ecole militaire ertönt die Trompete, und schon galoppieren die Offiziere auf das Champ-de-Mars; nach dem Lärm des genagelten Schuhwerks kann man wissen, wieviel Uhr es ist. In der Ferne scheppern Milcheimer.

«Hier Radio-Paris, der Turnkurs wird beginnen. Eins, zwei, atmen!»

Betrachten Sie gut die Miniaturen, die alten Karten, die alten Stiche, studieren Sie diese, bis sie in Ihnen haften bleiben; nach und nach verwischt sich das heutige Paris, wie ein schlecht entwickelter Film sich verschleiert, je mehr man ihn dem Fenster nähert. Sie gehen die Jahrhunderte zurück; Sie werden zu einem unvergänglichen Pariser; Ihr Regenmantel verändert plötzlich die Farbe, wird immer dunkler, bis er zum gepreßten Samt eines

Mantels Heinrichs III. wird; bald wird er zum Gewand des Hofes Ludwigs XV., aus glatter, glanzloser Seide; nun bildet er sich zum «carrick de Vautrin» um, einer Art Gehrock mit mehreren mantelartigen Kragen: Endlich sind wir mit übereinandergelegten Hüllen versehen wie auch Paris mit seinen aufeinanderfolgenden Stadtmauern und Schutzwällen.

Die Dunkelheit fügt allem ihren Zauber bei. Schwarz eignet sich für Paris wie für die griechische Elektra. Das Neon ist nicht seine Beleuchtung, die Lichtreklamen wetteifern vergeblich mit denen von New York. Die Publizität eignet sich nicht für das «sfumato», die elektrischen Lampen, die zwar den antiken Monumenten zugute kommen, verraten jedoch das Mittelalter, verketzern die Kathedralen. Die Lichtröhren verfälschen die Werte, heben die Umrisse auf, schlagen die Türrahmen ein, verwischen die Konturen der Gesimse.

L'Opéra – dieser Name ist ein Symbol, nicht allein für Paris, für die ganze Welt. Er bezeichnet den prunkvollsten und absoluten Höhepunkt aller theatralischen Gattungen und des Balletts. Mit einem Raum von 11 000 Quadratmetern ist die Pariser Opéra auch das größte Theater der Welt. Es ist auch der Welt luxuriösestes Theater dank der Überfülle an Marmor, der vergoldeten Bronzearbeiten und der Dekorationen von auffälligem Prunk.

Napoleon III., der Neffe Napoleons I., dessen Sinn für Größe er geerbt hatte, beauftragte den Architekten Charles Garnier mit dem Bau der Oper. Er verwirklichte das schönste Bauwerk seiner Zeit; in Einzelheiten und, was das Stilempfinden anlangte, vielleicht umstritten, im ganzen aber nichtsdestoweniger erhaben und eindrucksvoll.

Der Blick von oben, wie ihn dieses Bild gestattet, zeigt den Verlauf der die Oper umrahmenden Straßen. Straßen, die Namen berühmter Musiker und Librettisten der Epoche tragen: Auber und Scribe beispielsweise oder auch Halévy und Gluck. Ihre Büsten mischen sich unter die allegorischen Darstellungen an der Fassade. Unter ihnen ist die Gruppe von Carpeaux, die den Titel «La Danse» (Der Tanz) trägt, ein Kunstwerk, dessen Wirklichkeitserfassung soviel Staub aufwirbelte, daß man es einmal sogar mit Tinte übergoß. Heute ist das Original, das sich im Louvre befindet, durch eine Kopie des Bildhauers Belmondo ersetzt. Die großzügige Ehrentreppe, der gewaltige Bühnenraum, der 450 Statisten aufnehmen kann, die neue Deckenmalerei von Chagall – all dies trägt dazu bei, die Opéra zum Tempel einer neuen Religion zu machen, einer Religion von dieser Welt, überall gefeiert: das Theater.

Vier Ruhm und Größe verherrlichende Plätze sind in ihrer architektonischen Schönheit das Vermächtnis der vorrevolutionären Zeitepochen: der älteste ist die Place des Vosges, der jüngste die Place de la Concorde. Die beiden anderen, die Place des Victoires und die Place Vendôme, zeugen von Ludwigs XIV. Herrlichkeit.

Die Place Vendôme aber ist den andern durch Einheit, Großzügigkeit und Anmut des Stils weit überlegen. Nach der Zerstörung des ursprünglichen Hôtel Vendôme im Jahre 1687 sollte der Platz den ebenbürtigen Hintergrund zu einer Reiterstatue Ludwigs XIV. abgeben, die von Girardon geschaffen worden war. Angelegt wurde der Platz in den Jahren 1687 bis 1720 nach dem Grundriß eines regelmäßigen Achtecks, und zwar durch Jules Hardouin-Mansart. Da die Aristokratie sich ins «Marais» zurückzog, war es die Finanzwelt, die sich hier niederließ, unter ihr der durch einen aufsehenerregenden Konkurs berühmt gewordene Law. Der Platz wechselte häufig seinen Namen: Place des Conquêtes zuerst, dann Place Louis-le-Grand und schließlich Place des Piques, als während der Revolution eine Freiheitsstatue diejenige Ludwigs XIV. ersetzte.

Im Jahre 1806 errichtete Denon auf den Auftrag Napoleons hin die heutige «Colonne Vendôme». Material war das Erz von zweihundert in Austerlitz erbeuteten Kanonen. 160 Meter Flachrelief, das spiralförmig verläuft und mit der bildnerischen Darstellung Napoleons bedeutendster Kriegsereignisse die Trajanische Säule nachahmt, werden von der cesaresken Statue des Kaisers gekrönt, die von Chaudet geschaffen wurde. 1871 wurde die Säule von einer Gruppe von Kommunarden umgestürzt. Dabei hatte der Maler Courbet in einer etwas unvorsichtigen Weise mitgewirkt. Diese Mitwirkung, die man zweifellos übertrieben hatte, brachte ihm Verbannung und finanziellen Zusammenbruch ein. 1874 wurde die Säule wieder aufgestellt und beherrscht jetzt einen ungeheuren Parkplatz. Heute ist die Place Vendôme mit einem Ministerium, den Banken und dem Hotel Ritz ein Zentrum von Luxusgeschäften und vor allem von Juwelierateliers, wovon das Schaufenster auf der linken Bildseite zeugt. Dieser Platz ist seinem Ruf treu geblieben, Schmuckkästchen der Hochfinanz zu sein.

Im Herzen des Marais zeigt die Place des Vosges die älteste geschlossene Architektur von Paris. Und gleichzeitig die besterhaltene, ist doch der Charakter der Bauepoche, 1607 bis 1612, beinahe völlig unberührt. Die klare, ausgewogene Regelmäßigkeit der achtunddreißig Einzelbauten, die das Quadrat von je 150 Metern Schenkellänge begrenzen, beweist die ungeteilte Hinneigung der französischen Nach-Renaissance-Kultur zu einem klassischen Rationalismus. Eine Reiterstatue Ludwig XIII. erhob sich ursprünglich im Mittelpunkt der Place Royale. Der Name «Place des Vosges» wurde erst 1799 jenem Departement als Auszeichnung erteilt, das als erstes die Steuern vollständig bezahlt hatte. Das weite, geräumige Zentrum des Platzes war, wie alte Stiche bezeugen, Treffpunkt der eleganten und «preziösen» Gesellschaft, ebenso Austragungsort der Duelle. Eine der ersten Komödien von Corneille, «La Place Royale», spielt sich hier ab. Madame de Sévigné wurde hier geboren. Richelieu, Marion de Lorme, der gesamte Adel wohnte hier – bis zur Französischen Revolution. Im 19. Jahrhundert hausten zahlreiche Schriftsteller, von Théophile Gautier bis zu Alphonse Daudet, um den Platz, von 1832 bis 1848 der berühmteste – Victor Hugo. Sein Haus wurde zu einem von der Stadt Paris gepflegten Museum, in dem sich die Erinnerungsstücke häufen; seine Bücher, seine fremdartigen Möbel, seine eigenen, bewunderungswürdigen Zeichnungen bilden alles in allem ein phantasiereiches Ganzes, das in diesen beispielhaft klassischen Rahmen hinein den überraschenden Kontrapunkt ausgeprägter Romantik stellt.

Aus Unverstand wurde im Laufe des 19. Jahrhunderts der große Platz, der den Innenhof bildet, mit Bäumen bepflanzt und eine Art Parkanlage geschaffen, obwohl diese Bepflanzung gegen den städtebaulich-architektonischen Charakter dieser Siedlung verstieß. Es wird deshalb heute die ursprüngliche Instandsetzung erwogen. Die Harmonie der im großen und ganzen gleichartigen, in Einzelheiten manchmal leicht unterschiedlichen Häuser, aus rötlichen Backsteinen erstellt und wiederum unterbrochen von Reihen behauener Steine, die verhaltenen Verzierungen, die Arkaden, die rings um den Platz laufen, die spitzen Dächer mit ihren dreieckigen und gewellten Fensterformen bilden alles in allem das meisterhafte Zeugnis des französischen Städtebaus zu Beginn seiner siegverheißenden Entwicklung.

Das «Hôtel de Sully» bildet ohne Zweifel ein Juwel unter den erlesenen Seinesgleichen im «Marais». 1951 vom Staat erworben, rettete die hervorragend sachgemäße Restauration, die von Generalinspektor Jacques Dupont und von Chefarchivar Robert Vassas geleitet wurde, es vor unverantwortlichem Zerfall. Menschen eines gewissen Alters erinnern sich der greulichen Schirmdächer, die zu notdürftigen Schuppen und Unterständen für Marktstände und dergleichen dienten, und ebenso der unschönen kleinen Läden, die sich eingenistet hatten und auch dieses edle Gebäude entstellten. Die Fassade gegen die Rue Saint-Antoine hat die Harmonie seiner beiden stolzen, in geschwungener Linienführung errichteten Vorbauten wiedergefunden. Großzügig freigelegt, zeigt der Innenhof die Schönheit seiner, vielleicht von Androuet Ducerceau entworfenen, Architektur. Große Relieffiguren stellen die Elemente und Jahreszeiten dar. Die Konsolen aus Blumenreihen, die Masken, die Füllhörner, die Laubgewinde und die Teppich-, Stickerei- und Webemuster sind charakteristisch für die barocke Großzügigkeit der Epoche Ludwigs XIII. 1634 wurde das Palais vom Herzog von Sully, ehemaliger Minister Heinrichs IV., erworben. Sully ließ das Innere majestätisch ausschmücken und auch im Park ein zweites, kleineres Gebäude, das sogenannte «Petit Sully», erstellen, das auf die Place des Vosges hinausschaut.

Wir sehen hier den besterhaltenen Raum dieses Palais, die sogenannte «Chambre de Sully», so benannt, obwohl sie erst nach Sullys Tod von dessen Erben, die das Haus bis 1752 bewohnten, eingerichtet wurde. Untergebracht im Flügel, der auf den Garten hinausschaut, war sie der eigentliche Wohn- und Schlafraum der zweiten Herzogin von Sully, Charlotte de Séguier. Sie ist beispielhaft für den majestätischen Luxus des «Grand Siècle» (des Großen Jahrhunderts), das gewaltige Summen für Bau und Schmuck seiner Behausungen ausgab. Als Minister Heinrichs IV. hatte Sully sowohl Frankreichs Finanzen wieder geordnet wie auch die eigenen gepflegt. Als er sich mit fünfundsiebzig Jahren in diesem Palais niederließ, verfügte er über eine Million und 200 000 Pfund an Renten. Er gab sein Geld mit kluger Großzügigkeit aus. Bedachte er davon seine junge Frau, so präzisierte er folgendermaßen: «So viel für den Haushalt, so viel für Euch, so viel für Eure Liebhaber.» Doch im Gegensatz zu dem des Zweiten Kaiserreichs stand dieser Prunk im Zeichen des erlesensten Geschmackes. Beweis dafür ist dieser Raum mit seinen vier grandiosen Pilastern, mit seinem bewundernswerten vergoldeten Laubwerk, seinem teppichbehangenen Alkoven, seinen ebenfalls vergoldeten Wandverstrebungen, die eine Kuppel tragen, die von allerhand allegorischen Malereien belebt wird. Als Ganzes eine erlesene Verbindung von Reichtum und Geschmack.

Seit 1927 ist das Hôtel de Rohan den Archives nationales unterstellt. Erbaut zwischen 1705 und 1708, erhielt es seinen Namen von drei Kardinälen aus dem Hause derer von Rohan, die jeweils als Bischöfe von Straßburg fungierten. Der letzte dieser Kirchenfürsten wurde berühmt durch die «Halsbandaffäre». Die luxuriöse Innenausstattung stellt ein eindrückliches Zeugnis für den Geist des hohen Klerus im 18. Jahrhundert dar. In diesem «Cabinet des Singes» (Affenkabinett) – siehe Abbildung gegenüber –, das zwischen 1749 und 1752 von Christophe Huet ausgemalt worden war, zelebrierte der Kardinal die Messe in einer Ecke, die abgeschirmt wurde von einem verschollenen Paravent, auf dem höfisches Blinde-Kuh-Spiel dargestellt war! Solch eine erstaunliche Frivolität erklärt gewisse Erscheinungen der Französischen Revolution.

Das «Hôtel Lauzun», auch «Hôtel de Pimodan» (Bild unten) genannt, ist eines der Juwele der Ile Saint-Louis. Von Le Vau zwischen 1650 und 1658 erbaut, hat es zwei Ruhmestitel. Einmal einen der bildenden Künste: Seine Prunkräume sind von wundervollem ornamentalem und malerischem Reichtum, zu dem die größten zeitgenössischen Künstler, Lebrun, Lesueur, Bourdon, beigetragen haben. Dann auch einen literarischen: Die kleinen Zimmer des dritten Stockwerkes wurden bewohnt von Théophile Gautier und von Baudelaire, der hier einige der schönsten Gedichte seiner «Fleurs du Mal» schrieb.

An der Ostspitze der Ile Saint-Louis erhebt sich das «Hôtel Lambert». Seine Rotonde und seine Gärten beherrschen die Seine gleich einer italienischen Villa, die über einem See thront. Sein ornamentaler Reichtum macht es zu einem kleinen Museum. Es wurde 1640 nach einem Plan von Le Vau gebaut. Die Herkules-Galerie mit ihren 23 Metern Länge, mit ihrer beispielhaften architektonischen Interdependenz von Malerei, Skulpturen und Fensterformen darf als Vorläufer der Spiegelgalerie von Versailles betrachtet werden. Die Decke prunkte mit Erzeugnissen von Lebrun; einige Gemälde von Lesueur sind so bedeutend, daß sie dem Louvre anvertraut wurden. Durch gegewichtige Erinnerungen ist der Raum geadelt. Die Marquise du Châtelet, die Egeria von Voltaire, beherbergte hier eine Zeitlang den berühmten Philosophen und machte ihn mit Newtons Lehre vertraut. Unser Bild zeigt, daß hier ein Rahmen geprägt wurde, den man sich für die Gespräche des «siècle des lumières», des Jahrhunderts der Aufklärung, nicht geeigneter hätte erträumen können.

Seit ihren fernsten Ursprüngen ist Paris eine Flußstadt. Ein Netz von Kanälen verbindet die Seine mit der Marne. Von der «Porte de La Villette» laufen gegen Norden der Kanal Saint-Denis und der Kanal «de l'Ourcq», gegen Süden der Kanal Saint-Martin, der beim Flußhafen des «Arsenal» endet. Dieser letztere durchfließt mit seinen 4500 Metern Länge ausschließlich Pariser Boden. Nur 1800 Meter sind oberirdisch, danach untertunnelt er die Boulevards Jules-Ferry und Richard-Lenoir. Der Höhenunterschied von 24,5 Metern zwischen Ausgangs- und Endpunkt machte den Bau von neun Schleusen notwendig. Ein ziemlich reger Bootsverkehr spielt sich auf ihm ab. Das Baumaterial für die Bannmeile des Nordens wird über ihn befördert. Offenkundig zweckgerichtet, weist dieser geradlinige Kanal, der durchschnitten wird von leichten Brücken und Gehsteigen, eine Einfachheit der Form, eine klare geometrische Nüchternheit und dadurch eigenartige Perspektiven

auf, die manchen modernen Maler, darunter Quizet und Bernard Buffet, inspiriert haben. Er wurde auch zu einem immer beliebteren Spazierweg. Trotzdem wird ernstlich erwogen, seinen noch offenen Lauf zu bedecken, um eine Schnellstraße zu bauen, die Paris durchqueren würde. Man darf das bedauern. Denn die Stadt weist außer der Seine wenig Wasserflächen auf, die für die Beruhigung der Augen und für die Träumereien der Seelen so notwendig sind.

Die Atmosphäre der Umgegend des Kanals Saint-Martin bildet den «back-ground» des Romans «L'Hôtel du Nord» von Eugène Dabit (1898–1936). Dieser frühverstorbene Schriftsteller entstammte einer Arbeiterfamilie und kannte aus eigenen Erlebnissen das Milieu der kleinen, bescheidenen Leute, die in diesem Kanalquartier wohnten. Sein Roman, der ein Großstadtschicksal im Zusammenhang mit einem heruntergekommenen Pariser Hotel schildert, gilt als das unbestrittene Meisterwerk des sogenannten «Populismus».

Dieses Bild wird jeden Baudelaire-Begeisterten an eines seiner schönsten Gedichte aus den «Tableaux parisiens» erinnern, das sich ungefähr so übertragen läßt:

«Ah, wie mancher dieser gekrümmten Alten bin ich nachflaniert!
Diese hier, eine der vielen, zur Stunde, da die tagesmüde Sonne
den Himmel mit ihren blutklaffenden Wunden in flammenden Purpur hüllt,
setzte gedankenschwer sich auf den äußersten Rand einer Bank.»

Seit diesen Versen ist ein Jahrhundert verflossen. Geblieben sind in den Straßen von Paris die Bänke, die aufgesucht werden von diesen Vergessenen, hinter denen des Dichters Phantasie die verflossenen Umrisse von Ruhm und Lebensfreude vermutet. Die Menge der Menschen ist dichter geworden, Platz ist weniger großzügig vorhanden. Enger drücken sie sich auf den Bänken zusammen, aber ihr Hunger, wenigstens auf diese Art noch Zeugen des vorüberpulsierenden Lebens zu sein, ist nach wie vor ergreifend. Die moderne Form des Humanismus versorgt sie mehr und mehr in den Hospizen, Altersheimen, um sie Not und unberechenbarem Alleinsein zu entziehen. Heißt das in Tat und Wahrheit nicht, ihnen die Sonne und die Luft wegzunehmen, deren auch der Lebenswinter bedarf? Sind sie also nicht glücklicher auf der Straße?

Gewissermaßen im Keller der Gesellschaft leben die Clochards, die sich bis vor kurzem an den Seine-Ufern trafen. Aber die Quais wandeln sich zu Autostraßen. So sind die Clochards bereits vor dem Tod zur Hölle verdammt.

Victor Hugo. Fusain.

durch die filmische Folklore, die das Thema «Widerstand» abwandelt, fortgesetzt wird. Wie um die Jahrhundertwende erscheint auch hierin Paris als «das universelle Gewissen». Gewiß gab es seit den Zeiten des jungen Hugo in Paris den Gegensatz zwischen Elend und Überfluß – aber die sozialen Leiden dieser Epochen, die die heutigen Verhältnisse in Harlem, die Zustände eines Warschau von 1944, das Schicksal der Amazonasindianer, den Hunger von Biafra nicht vorausahnen konnten, verkleinern sich im Lichte dieser Vergleiche zu Bagatellen, denn Paris war immer eine begünstigte und beschützte Stadt.

Paul Valéry* scheint für alle seinesgleichen zu sprechen, wenn er sagt: «Die Franzosen haben alle ihre Ideen in einer einzigen Einfriedigung aufgehäuft.» Von François Villon* bis Louis Aragon* schuldet Paris seinen Dichtern eine Prunkkerze.

Villon schon feierte Paris und die Pariserinnen:
«Keine, keine kann's so süß wie die Frauen von Paris.»

Oder das Paris von Molière*:
«Großartig in seinen Bauten,
Wunderbar in seinen Vergnügungen...»

Erinnerungswert das Paris von Alfred de Vigny*:
«Du ringst mit Ungestalt und suchst nach Vollendung.»

Charles Baudelaire* hat mehr für Paris getan als jeder andere Dichter:
«Paris wandelt sich, aber meine Melancholie mindert sich nicht...»

Oder ein anderer Baudelaire-Vers:
«Und Paris in seiner Schwermut reibt sich die Augen...»

Ihm folgt das Paris von Arthur Rimbaud*:

«Unendlicher Anstrengungen neubelebter Leib...»

Nicht zu vergessen das rührende Paris von Valery Larbaud*:

«Stadt der Kindheit und der ersten Liebe...»

Ihm folgt Guillaume Apollinaire*:

«Unter den Brücken von Paris fließt die Seine...»

In den «Halles» nachtwandelt Léon-Paul Fargue*:

«Ich habe die göttliche Milch getrunken, die von den weißen Nächten vergossen wird...»

Claude Roy* erlebt Paris auf seine Weise:

«Glutherd und Strohfeuer»

Die Lobpreisungen in Prosa bleiben nicht aus. Schon 1779 kritzelte der nächtliche Wanderer Restif de la Bretonne* auf den Stein der Brüstungen die wesentlichen Ereignisse eines Lebens, das an den Ufern der Seine abgelaufen war; noch tiefer schrieb die Prosa Balzacs die unvergeßliche Kapitale in unser Herz. Wer erinnert sich nicht seines Vieux Louvre in «La Cousine Bette», oder wer denkt nicht an das Paris der Madame de la Chanterie: «Man träumt von Paris seit den Römern bis Louis-Philippe...?» Die «Comédie humaine» entwirft uns eine unendlich reiche und feinst abgestufte Seelenlandschaft dieser Stadt, die der junge Rastignac des «Père Goriot» von der Höhe des Friedhofs Père-Lachaise aus mit seinem Raubvogelblick als gewaltiges Rundbild überschaut. Doch mehr als das berühmte Schlußkapitel des «Père Goriot» fesselt mich die lyrisch glanzvolle Schilderung von Paris, die den Auftakt zu «La Fille aux Yeux d'Or» bildet: «Ist Paris denn nicht ein unermeßlich weites Feld, das unaufhörlich aufgewühlt wird von einem Sturme von Begehrlichkeiten, unter dem ein reifes Ährenmeer aus Menschen, die der Tod hier öfter als anderswo abmäht, kreisend wirbelt, und welche immer, ewig gleich aneinander gedrängt, neu erstehen und deren verzogene, verzerrte Gesichter aus allen Poren den Geist, die Begierden und die Gifte ausdünsten, von denen ihre Gehirne geschwängert sind?... Oh, nicht Gesichter, wohl aber Masken! Masken der Schwäche, Masken der Kraft, Masken des Elends, Masken der Freude, Masken der Heuchelei – und alle erschöpft und alle Abdruck der unauslöschlichen Zeichen einer keuchenden Gier!? Was wollen sie? ‹Gold›... oder ‹Vergnügen›?... Nicht nur im Scherze ist Paris eine Hölle genannt worden. Nehmt dieses Wort für wahr. Dort raucht alles, brennt alles, blitzt, siedet, flammt, verdampft, verlöscht, entzündet sich wieder, funkelt, prasselt und verzehrt sich. In keinem Lande war Leben jemals feuriger und zehrender. Diese gesellschaftliche, ewig flutende Natur scheint sich nach jedem vollbrachten Werke zu sagen: ‹Auf! an ein anderes!› wie es sich die große Natur sagt. Ebenso wie die große Natur befaßt sich diese gesellschaftliche mit Käfern, Eintagsblumen und allerlei sehr vergänglichem Tande und speit auch ebenso Feuer und Flamme aus ihrem ewigen Krater... In Paris widersteht kein Gefühl dem Strudel der Dinge, ihr reißender Strom zwingt zu einem Kampf, der die Leidenschaften entfesselt: Liebe ist in Paris eine Gier und der Haß eine Laune; es gibt keinen andern treuen Verwandten dort als den Tausendfrankenschein, keinen andern Freund als den Pfandleiher...»

Ein Maler, der auf der Straße an seinem Werk pinselt, ist heutzutage ein durchaus alltäglicher Anblick, der niemanden aufmerken läßt. Doch ist dieser Anblick relativ jung, nicht älter als hundert Jahre – in einer Stadt, die zwanzig Jahrhunderte zählt. Warum? Aus zwei Gründen: Vor dem Impressionismus konnte man nicht in der freien Natur malen, da die Farben im Atelier vorbereitet werden mußten. Auch fesselten, im Gegensatz zum Beispiel von Venedig, die Perspektiven, die Paris bot, nicht. Die Bewunderung richtete sich auf hervorstechende Denkmäler, nicht auf die Stadt selbst, die eher als häßlich empfunden wurde. Zweifellos war sie schmutzig. Allmählich gingen die Augen auf: So für den malerischen Charme der Ruinen bei Hubert Robert, für die alten Quartiere bei den Romantikern, dann für die Schönheit des «modernen Lebens», die von Baudelaire und Manet gefeiert wurde, für das Spiel des Lichtes, das Claude Monet und Renoir einfingen. Heute jedoch ist die Pariser Szene für alle, Fremde oder Franzosen, unerschöpfliches Thema geworden, keiner scheint darum herum zu kommen. Salons, Ausstellungen in den Kunstgalerien, die großen Warenhäuser, die Straßenstände setzen diese «Ware» um. Vom kleinen Postkartenmaler bis zu den Genies haben alle Pariser ein Verhältnis zur Malerei.

So findet man auf den Straßen, auf den Brücken, auf den Plätzen, auf Klappstühlen sitzend oder stehend, Maler jeden Alters, beiderlei Geschlechtes. Unter den Augen von Vorübergehenden, die stehenbleiben, die urteilen, die unverfroren Fragen stellen, arbeiten sie an dem «Motiv», das sie gewählt haben. Niemand würde sich unterstehen, in dieser Weise einen Unbekannten anzureden, es sei denn, um nach dem Weg zu fragen. Der Maler hingegen wird als eine Art «öffentliche Gestalt» gewertet, deren Arbeit man sorglos stören darf. Einige sind darüber nicht nur nicht ungehalten, sondern helfen durch entsprechendes «Sich-in-Szene-Setzen» nach. Eines Tages war einer auf den Champs-Elysées zu sehen, der sich in zwanzig Meter Entfernung von seiner Staffelei postierte und von Zeit zu Zeit, pinselbewaffnet blitzartig auf die Leinwand zusprang, um einen Strich hinzuwerfen. Es war kein Narr, sondern ein berühmter Künstler. Dieser auf dem Bild hier, den wir am Montmartre sehen, ist ruhiger, einer von den braven alten, gewissenhaften Malern, die es noch verstehen, durch solch bescheidene Tätigkeit glücklich ihre Einsamkeit zu beleben.

Consulat
BOULANGERIE

Hier also Montmartre, höchster Punkt von Paris; die weißen Kuppeln von Sacré-Cœur beherrschen die ganze Riesenstadt. Mit Notre-Dame, mit dem Arc de Triomphe und dem Eiffelturm bilden sie eines der vier Pariser Wahrzeichen, das die Bazare millionenfach als kleinformatiges Andenken und Nippsache vertreiben. Seit hundert Jahren ist Montmartre *das* Quartier der Tanzlokale, der Kabarett-Sänger und der Maler, die hier ihre Art von «Freier Kommune» finden. Jeden Tag entlassen die Cars auf der Place du Tertre in Massen Fremde. Wir sehen hier dieses lebensprühende Zentrum touristischer Geschäftstüchtigkeit, belebt von Malern, die Arbeit am Werk mit Ausstellung zum Verkauf verbinden. Dagegen haben die kleinen Gassen zum großen Teil den gemächlichen Charme des einstigen Dorfes bewahrt. Seine Mühlen bildeten im letzten Jahrhundert noch die ländlichen Sujets der Malkunst eines Georges Michel; dann wurden sie zu den Wahrzeichen zweier berühmter Lokale, des Moulin de la Galette und des Moulin-Rouge. Ja, Montmartre – zu gleicher Zeit Symbol entfesselter Pariser Lebensfreude wie auch geweihter, geheiligter Raum. Sein Name erweckt zunächst die Erinnerung an die Höhe, den Berg, auf dem Märtyrer litten, auf dem der heilige Denis, der Bischof von Paris, im vierten Jahrhundert enthauptet wurde und dann wunderbarerweise mit seinem Kopf von dannen ging. Die Gelehrten deuten allerdings die Herkunft des Wortes anders. Sie führen es auf Monmerce zurück, den Berg (Mont) des Merkur, dem hier ein Tempel errichtet war. Erstaunliche Überlebenskraft der Religionen! Moderne Frömmigkeit errichtete 1870 nach der Niederlage auf diesem wortwörtlichen – Höhepunkt zum Heil und zur Heiligung von Paris und von Frankreich die byzantinistische Basilika von Sacré-Cœur. Nie bricht der Strom der mit Anliegen beladenen Gläubigen ab. Die Liebhaber der Kunst hingegen meiden das bombastische Heiligtum mit seinem grellen Schmuck, um ganz in der Nähe die kleine und reizvolle Kirche Saint-Pierre-de-Montmartre zu besuchen, deren Portal wir hier an der Place du Tertre sehen. Sie ist übrig geblieben von einer Benediktinerabtei, die 1147 geweiht worden war. Dies unübertreffliche und unberührte architektonische Kunstwerk zeichnet sich vor allem aus durch die Spitzbogendecke über dem Chor. Als älteste ihrer Art in Paris bezeugt sie den kaum merklichen Übergang vom romanischen zum gotischen Stil.

Ein großer Maler, Maurice Utrillo, vermochte mit seiner Kunst die bescheidenen Gassen zu verklären, die Gassen, die sich zum Dom hinaufwinden, dem Dom, den sein Genie mit engelhafter Grazie verklärte. Das «Café de la Belle Gabrielle», die armseligen kleinen Häuschen mit dem verkommenen Gemäuer ebenso wie die in Treppen aufsteigenden Straßen mit ihren ungewohnten Perspektiven inspirierten seiner Sehnsucht die Meisterwerke der «weißen Periode». Die folgende Wiedergabe zeigt typisch den ganz persönlichen Ausdruck, den Utrillo für dieses Thema fand. 1930 geschaffen, zeugt das Gemälde für die Entwicklung des Malers hin zu einer naiven Kunst mit ihrer konsequenten linearen Genauigkeit, ihren Hinweisen, ihrer liebevoll getreuen Wahrnehmung aller Einzelheiten, die mit kindlicher Zärtlichkeit künstlerisch verdichtet werden.

CATHERINE
COMMUNE LIBRE
du vieux
MONTMARTRE
PATISSERIE

AU
SACRÉ-COEUR
DE
MONTMARTRE
OBJETS DE PIÉTÉ
NOUVEAUTÉS
Maurice, Utrillo, V,
1930.

Auf halber Höhe, unterhalb seines Hügels und seines «Dorfes», erstreckt sich ein zweiter, ziemlich anders gearteter Montmartre. Auf den und um die Place Blanche und die Place Pigalle herrscht der Markt der leichten Vergnügen und jener Dinge, die das gesetzgetreue Tageslicht scheuen. Hier wickelt das «Milieu» seine zwielichtigen Geschäfte ab. Stets neugierig und lüstern nach derartigem Kontakt, streifen die Bourgeois schon seit langem heran, so wie sie einst geradezu entzückt waren ob der Beschimpfungssalven, mit denen sie im berühmten Kabarett Aristide Bruants begrüßt worden sind. Heute simples Kino, war Moulin-Rouge (siehe Abbildung unten) seit dem 1. Mai 1889 ein weitbekanntes Tanzlokal, das seine unübersehbare Rolle im Leben von Paris spielte. Bewahrt vor dem Vergessen wurde es zu seinem Glück durch die Maler, die es immer wieder dahin zog. Willette machte den Anfang durch eine ständige Ausstellung jener hellen und heiteren Bilder, zu denen ihn Frivolitäten des Lebens am Montmartre inspiriert hatten. Dennoch hegte dieser Maler eine fromme Seele; er stiftete eine jährliche Messe für die Künstler, die im Laufe des Jahres das Zeitliche segneten. Diese Fassade mit ihren nächtlichen Beleuchtungen, die hier zu sehen ist, wurde wieder und wieder in ausdrucksstarker Manier – eines dieser Gemälde hängt heute im Musée nationale d'art moderne – gemalt von dem «Fauve» Chabaud. Meister bescheideneren geistigen Zuschnittes wie Bottini, Graß-Mick bannten das gleichermaßen armselige wie blendende Leben dieser Welt ins Bild. Ihren genialen Interpreten fanden sie jedoch in Toulouse-Lautrec. Stammgast im Moulin-Rouge bis 1896, gewahrte er hier die Modelle seiner schönsten Werke; sein nerviger Strich vermochte eine faszinierende Präsenz zu erwecken: Unter den zahlreichen prominenten Besuchern figurieren Oscar Wilde, der Kritiker Fénéon, Lautrec selbst, begleitet von seinem Vetter, dem Grafen Tapié de Céleyran; sie mischten sich auf jenen Gemälden unter die unverwechselbaren Moulin-Rouge-Gestalten. Heute sind die Bilder zerstreut über die großen Museen der ganzen Welt. Das Pariser Musée de l'Impressionisme etwa zeigt die große Leinwand, die bestimmt war für die «Baraque de la Goulue».

AUTO RADIO
POINT BLEU
CYRANO
BAL
DU
ROUGE
TABAC
BRASSERIE
GLACIER

Die Pariser nennen sie vertraut «La Mouffe». 600 Meter lang steigt sie hinter der «Montagne Sainte-Geneviève» hinauf von der Kirche Saint-Médard zur Place de la Contrescarpe. Sie ist eine der ältesten Straßen von Paris, gebaut auf den Resten einer alten Römerstraße, die sich bis zum Petit-Pont hinzog. Der Historiker Camille Jullian schreibt, wer über sie schreite, «bleibe in der Furche, die unsere Vorfahren vor 2000 Jahren zogen». Noch heute ist sie eine der belebtesten und populärsten Straßen von Paris. Die Marktstände, einer gegen den andern gelehnt und offen gegen den Wind, beanspruchen oft fast den ganzen Bürgersteig und bieten beinahe den lieben langen Tag hindurch sämtliche denkbaren Lebensmittel: Fleisch, Fisch, Gemüse, Früchte, Brot und Gebäck, alle Arten von Gewürzen, Kolonialwaren. Die Hausfrauen des ganzen Quartiers versorgen sich hier. Sie hängen an diesen kleinen, vertrauten «Boutiques» mit ihren gesprächsfreudigen und geschäftstüchtigen Händlern. Seit einigen Jahren macht sich auch die moderne Art des Handels bemerkbar; Geschäfte für Kleider von der Stange, systematisch geordnete Haushaltsgeschäfte sind nach und nach erschienen, haben sich überall dazwischen gedrängt, ohne allerdings das Gesicht des Ortes bereits wesentlich verändert zu haben. Auf diesem Bild sieht man so niedrige alte Häuser, daß eines davon die Mansardenzimmer schon im ersten Stock hat. Im ebenen Flur bietet eine auf Streuselkuchen spezialisierte Bäckerei geschwisterlich ihre Waren neben einem Einheitspreisgeschäft an. Automobile sind beinahe ganz verpönt. Noch herrscht eine vitale ländliche Atmosphäre, die man in Paris eigentlich nur noch hier entdeckt.

In wenigen Jahrzehnten wurde diese «Foire aux Puces», der Flohmarkt an der Porte de Clignancourt, eine der packendsten Attraktionen von Paris. Eine Handvoll Vagabunden aus der Umgebung breiteten auf den Trottoirs jene Schätze aus, die die Mülleimer und Müllhaufen hinterlassen hatten. Trödler folgten, die in Ständen aus Zeltplanen ihren Kram weiterversetzen und in bescheidenstem Umfang öffentliche Versteigerungen organisierten. Dann traten die Antiquare auf, die in steigendem Ausmaß den Besuchern alte Möbel, veraltete, nicht mehr nutzbare Dinge, Nippsachen, exotische Andenken, Stiche und Gemälde, Stoffe und Bücher anboten... Verschiedenartige Märkte greifen ineinander über, bauen sich übereinander auf: der Marché Biron, der luxuriöseste, vertreibt Stilmöbel, die tatsächlich auch aus der besagten Epoche stammen, ebenso wertvolle Keramiken und Schmuckstücke. Eine Stufe tiefer folgen die Marchés Paul-Bert, Jules-Vallès, Vernaison, Malik. Hier zeigen sich nachbarlich und in oft kaum merklicher Mischung alle Rangstufen an Seltsamkeiten, Seltenheiten und Kunsterzeugnissen. Jeden Samstag, Sonntag, Montag stürzen sich die Liebhaber gleich bei Eröffnung auf die dargebotenen Güter, um *das* schöne Stück, das sich hierher verirrt hat, zu finden.

Der Bois de Boulogne – im Pariser Volksmund kurz «Bois» genannt – ist der große Stadtpark von Paris. Er bildet mit seinen 900 Hektaren den Rest eines großen Waldes, der zur französischen Krone gehörte und dem Hof als Jagdgebiet diente. Unter König Ludwig XIV. ließ ihn der Minister Jean-Baptiste Colbert mit Straßen durchziehen, die sternförmig zusammenliefen. Seit dieser Zeit wurde er zu einer Erholungsstätte der Pariser Bevölkerung, und aus dem Ende des 17. Jahrhunderts stammt das auch wohl heute immer noch gültige Pariser Sprichwort: «Les mariages du bois de Boulogne ne se font pas devant le curé – Die Hochzeiten im Bois de Boulogne werden nicht vor dem Herrn Pfarrer vollzogen.»

Unser Bild zeigt eine der entzückendsten Enklaven des Bois: den Park Bagatelle mit dem gleichnamigen Schlößchen. Ursprünglich stand an seiner Stelle ein kleiner Pavillon, den 1720 Marschall d'Estrées für seine Gattin errichten ließ. Nach deren Tod verfiel der Pavillon zur Ruine, die 1775 vom jungen Grafen Charles von Artois, dem späteren König Karl X. (1824–1830) erworben wurde. Seiner Schwägerin, der Königin Marie-Antoinette, gefiel der Ort; der Graf schloß mit ihr eine Wette: Im Zeitraum von weniger als drei Monaten würde er dort ein Schlößchen erbauen lassen – und er gewann sie. Innerhalb von 24 Stunden entwarf der Architekt Bellanger die Pläne, und nach 64 Tagen war der Bau vollendet. Im selben Zeitraum schuf ein englischer Gartenarchitekt den Park. Während der Revolutionszeit wurde Bagatelle eine beliebte Vergnügungsstätte der neuen Gesellschaft, wodurch das Schlößchen vor der Zerstörung bewahrt blieb. 1806 ging es in den Besitz des Kaisers Napoleon über, der es zum Sitz des Königs von Rom machen wollte.

Heute ist im Frühsommer der einzigartige Rosengarten von Bagatelle ein viel besuchter Anziehungspunkt für Einheimische und Fremde.

Entwicklung von Paris

«L'embarras» (Verkehrschaos) auf dem Pont-Neuf. Stich von Nicolas Guérard (1648–1719).

Die Fachleute der Entwicklung von Paris, womit sich so viele, vielleicht zu viele Körperschaften (IAURF, OREAM, CNAT, CODER, DATAR, FDES, FIAT, SCAFA, AAPRA usw.) befassen, versuchen seine blutverstopfte Elefantiasis zu «gliedern»: neue Nebenstädte, unterirdische Garagen, Luftverbindungen, Umsiedlung der Bevölkerung usw. Nichts scheint leichter, als vorauszusehen, und nichts bringt mehr Unzukömmliches mit sich. Genauso närrisch wie die Moden, die uns stets wieder überraschen, beschleunigen sich die «Mutationen» und werfen die Vorhersagen über den Haufen; die Statistiken hinken, sie sind bei einem Paris von dreizehn Millionen Einwohnern im Jahre 2000 stehengeblieben. Tatsächlich muß man mit Unberechenbarem rechnen, mit einer Massenemigration, mit der weniger spürbaren Abwanderung aufs Land, mit den zweiten Residenzen, dem zufälligen Wachstum, mit den demographischen Schwankungen, mit den wirtschaftlichen Krisen, die vom Dollar oder Gold ferngesteuert werden. Die ersten Fabrikverlegungen haben unerwartete Ergebnisse gezeugt: Kaum waren die Betriebe fort, wurden sie in Paris durch andere, schlauere ersetzt. Das leitende Personal, das dank finanzieller Vorteile exportiert worden war, ist rasch wieder in die Hauptstadt zurückgekehrt, nachdem es die Entschädigung für die Ortsveränderung bezogen hatte.

Vor 1914 war für Paris die Provinz nicht vorhanden. Heutzutage kommt sie völlig ohne Paris aus. Das Glück ändert zusehends seinen Dekor; die Jugend von 1860 machte den

Korso von der Chaussée d'Antin zum Quartier Saint-Georges, jene nach 1870 schwor nur auf die Batignolles, von wo sie zur Ex-Avenue de l'Impératrice zog. Kisling*, Utrillo*, Picasso und andere Maler lebten um 1910 auf dem Montmartre; um 1920 finden wir Modigliani*, Fujita* und Derain* bei der «Coupole»; gegen 1940 begann die Sartre-Masche von Saint-Germain-des-Prés; 1950 strömte man gegen die Höhe Sainte-Geneviève. 1970 gibt es in den «Halles» keine Zwiebelsuppe mehr, Schluß mit den Schlachtfleischhändlern an der Theke; die Jahrmärkte, Vergnügungsstätten der Pariser – von Neuilly bis zur Place du Trône – sind verschwunden; der Handel hielt die Champs-Elysées zwanzig Jahre lang besetzt, jetzt wurde er von den Mietpreisen vertrieben. Die Champs-Elysées sind von den Banken, den Fluggesellschaften und den Automobilausstellungen monopolisiert. Die Ereignisse vom Mai 1968 wecken das Odéon auf, aber die studentischen Reaktionen gegen die «contestation» unterstreichen das «Mein Tagwerk ist gemacht, ich verlasse Europa», Voraussage von Rimbaud; Kafka, Rilke, Apollinaire, Aragon, Kontrapunkt des Themas «Der Mensch und die Stadt»: Heutzutage ist die Stadt die Hölle, der Tod. Der Expressionismus übersetzt sich in Bewegung. Jack Kerouac*: Unterwegs nach Nepal! So stehen für uns die Dinge.

Einerseits zerstören sich die Städte, andererseits erneuern sie sich. Während des letzten Krieges sahen die Straßen von Paris wie Alleen des Père-Lachaise aus. Tagsüber erinnerte der Rauch der Bomben an die Weihrauchbecken einer Leichenhalle; die Quais befanden sich in der Todesstarre wie das Palais de Justice. Die Stadt brauchte lange, um aus einem übellaunigen und schlecht versorgten Kleinstädtertum herauszukommen. Aber sie fiel in die Fänge der existentialistischen Possenreißer, ohne sich wieder auffangen zu können, ohne die Traditionen von 1848 und 1860 – Anarchie und Zweites Kaiserreich – wieder zu beleben, die ihr doch ein unvergleichlich kultiviertes Gepräge verliehen hatten. Die Kollektivreisen, die Weekends haben die schimmlige Seßhaftigkeit, die ihren Charme ausmachte, angeschlagen. Paris glich nichts anderem; die HLM machen es den andern geballten Siedlungen gleich – denen in Indien oder Brasilien.

Die Bilanz: Die Herrichtung der Seineböschungen hat den Fluß mit zwei unerwarteten Autorennbahnen gesäumt; der Ausgang der einen auf dem rechten Ufer, am

Ende des Louvre-Tunnels, bietet eine bewundernswerte Perspektive (ach, wenn das Auto anhalten könnte!). Das Versprechen, die hundertsechsundzwanzig Hektaren der historischen Viertel wiederherzustellen, beruhigt die Freunde des Marais. Die Aushebung der Gräben des Louvre haben dem Palast der Könige vertieftes Relief verliehen. Die Reinigung der städtischen Fassaden war von Erfolg gekrönt (mit Ausnahme von Notre-Dame, die gegenwärtig einer amerikanischen Methodistenkirche ähnelt). Aber der Mairie-Montparnasse-Komplex, Stil Metropolis 1925, verfälscht die benachbarte Architektur, weil er Hôtel des Invalides und Ecole militaire zu zwerghaften Baumodellen verniedlicht. Nach allgemeiner Ansicht ist der Rond-Point de la Défense eine Verirrung; man hätte eine lange Arterie von Neuilly bis Saint-Germain nötig gehabt, wo sich, wie in Madrid, die Verwaltungen angesiedelt hätten; sie mißlang nach 1772 und wird nie mehr verwirklicht werden. London hat Paris durch seine Ausgänge und Verteiler an den Toren der Stadt überflügelt; wir haben den Vorsprung, den wir beim Bau der unterirdischen Durchgänge der äußeren Boulevards innehatten, verloren. Man weiß nicht, was man anstelle der «Halles» von Philippe-Auguste errichten könnte. Der Quai Citroën versperrt die Ausmündung der Autobahn des Südens; in der Gegend von Charenton rücken die Arbeiten der Râpée allzu langsam vorwärts; der doppelte Ausgang der Autobahn des Westens – unter dem Park von Saint-Cloud – befindet sich erst im Studium. Eislauffelder, Stadien, Schwimmbecken sind dritten Ranges – wahrlich keine olympische Klasse!

Es ist zu früh, um von den zukünftigen Nebenstädten zu sprechen: Pontoise, Trappes, Evry, La Marne: Sie müssen noch geboren werden. Nichts als Wohnwagen, wie bei L.-P. Fargue:

«Ich sah zerlegbare Viertel,
die ganz allein auf Reisen gehen...»

Moral von Paris

Paris ist und war nie eine leichte Stadt, trotz der königlichen «joyeux esbattements», der volkstümlichen Albernheiten auf dem Pont-Neuf, trotz der sechshundertvierzig Bälle während des Directoire und der dreitausend Bistros von heute. Paris ist jene Stadt, wo man nichts Wichtiges von dem, was tatsächlich vor sich geht, zu sehen bekommt. Die Geologen lehren uns nicht nur, daß mehrere Seines existieren, die übereinanderliegen, sondern auch, daß der Boden der Kapitale selbst wie ein Maulwurfsbau unterwühlt ist. Die alten Autoren berichten schon von fürchterlichen, stinkenden Löchern, diese Wanzenlöcher, die man «fontis» (Erdrutsch) nannte, wo zu Zeiten Philippe-Augustes Roß und Wagen verschwinden konnten: Die Namen von Trou-Gaillard, Trou-Bernard überlebten... Wer hat gesagt, daß Paris immer darauf vorbereitet sei, in einen Abgrund abzurutschen?

In dieser Hinsicht sind wenige Bücher so merkwürdig wie «Le Paris souterrain» von Kunstler*; darin ist von nichts anderem als der Pariser Geologie die Rede, aber dieses Sinken des Untergrunds erscheint mir wie ein Symbol des moralischen Paris! Die Gänge und Höhlen sind unter sich verbunden, wie die Pariser miteinander verbunden sind, wo sich jeder auf den Nächsten stützt. Das ist der «Pakt der Städte» von Vigny*.

Mißtrauen regiert in Paris. Es schwitzt aus dem Asphalt, den Trottoirs, aus jedem Luftschacht der Metro, aus jedem Kanalrost, aus jeder Opernloge. In Paris zählt das Offenbare weniger als das Verborgene; die Salons, die in den Zeitungen erwähnt werden, wissen nichts von dem, was unterrichtete Leute wissen, gewöhnlich sind es nur Stätten öffentlicher Versammlungen ohne Bedeutung; die Namen, die im «Tout-Paris» der Generalinnen vorkommen, blenden nur die Klatschmäuler der Provinz. Wenn die Restaurants zu Renommée kommen oder bis zu drei Sternen gehißt werden, ist das ein Zeichen, daß sie schon seit sechs Monaten von den wahren Kennern verlassen sind. In Paris wird der Erfolg junger Männer oder der gesellschaftliche Rang junger Frauen bloß durch irgendeine alte Dame, die seit fünfzig Jahren, in sich selbst versponnen, ihr Dasein zubringt, mit gespielter Überzeugungskraft verkündet – niemand wagt solche Feststellungen zu bezweifeln.

Paris ist keine einfache Stadt; Paris wirft sich den Leuten nicht an den Hals, es empfängt sie nicht mit einer Fanfare am Bahnhof wie Buenos Aires oder mit Orchideen wie New York auf der Fifth Avenue. Paris läßt den Fremden eine lange Aufnahmeprüfung bestehen, es fordert einen Haufen Zeugnisse, es mißtraut lange, bevor es ihm sein Vertrauen schenkt.

Paris – eine Stadt ohne festen Grund; alles ist fließend, beweglich, strudelnd, ein perfider Fluß, der immer seine Strömungen und Bette wechselt – wie es die Seine tat, als Paris noch Lutetia hieß und an der Stelle heutiger Straßen sich Flußarme schlängelten, auf denen römische Schiffersleute ihre Kähne steuerten. Ludwig XIV., der das Festgefügte und Bleibende liebte und darum weit weg von Paris Versailles erbauen ließ, vernahm eines Winters, daß sein eigenes Standbild inmitten der Place des Victoires in Mist zu versinken drohe. Paris – eine Stadt «cupida rerum novarum», immer unbeständig auf Neues erpicht, von Fieberanfällen geschüttelt, sich zu Großem aufraffend, dann wieder von Unglück erschüttert, eines Tages bereit, Pétain zu empfangen, tags darauf General de Gaulle im Triumph über die Champs-Elysées zu begleiten. Paris hat in der Kunst des gesellschaftlichen Zusammenlebens die subtilste Form herausgebildet – aber man muß aufpassen, wohin man seine Füße setzt, denn das Pariser Pflaster ist überaus schlüpfrig. Paris ist streng, grausam, bitter. Jeder hat hier das Lächeln eines Menschen, der seinen Nachbarn töten möchte. Weil er seinen Traum nicht verwirklichen kann, lädt er ihn zum Essen ein.

Die Hingeschiedenen verschwinden hier wie hinter einer Schiebetür, ohne daß man Zeit hat, es zu bemerken; jeden Morgen trägt man seinen Namen ins Verzeichnis der Be-

Versailles

Versailles: die Begegnung und gegenseitige Durchdringung von drei historischen Elementen führte zu diesem Palast, zu diesem – man möchte sagen – architektonischen Weltmeisterwerk an großräumiger Harmonie und an klassischer Vollendung. Das erste dieser Elemente ist ein politisches: die absolute Monarchie, die erst das gewaltige Unternehmen seiner Errichtung ermöglichte. Das zweite ist ein Mensch, ein Mann: Ludwig XIV., dessen Stolz nach einem Rahmen heischte, der dem Ruhm eines Sonnenkönigs entsprach. Das dritte: ein Jahrhundert, das Jahrhundert des französischen Klassizismus, der besonders rein und besonders ausgeprägt auf Ordnung, Klarheit, Maß, Vernunft beruht. Daher erstaunt nicht, daß der ehrgeizige Plan eine volle Verwirklichung fand, und zwar innerhalb der verhältnismäßig kurzen Spanne der Herrschaft dieses einen Königs. Ausgangspunkt war die Erweiterung eines Jagdpavillons Ludwigs XIII. Ludwig XIV. beauftragte damit 1668 Le Vau, der jedoch zwei Jahre darauf starb. Der Auftrag ging dann an Dorbay und 1672 vor allem an Jules Hardouin-Mansart, und er fand sein Ende durch die Vollendung der beiden Flügel 1682, beziehungsweise 1689.

Erhalten bis heute in seiner Gesamtstruktur, genoß der «Palais de Versailles» seit je eine weltumspannende Berühmtheit. Von den Fürsten und Königen in ganz Europa, Spanien, Deutschland, ja bis Rußland wurde er nachgeahmt. Er wurde zum steinernen Garanten des Prestiges des französischen Königtums, es sicherte diesem seine Stellung als universales Vorbild und als Richter der Eleganz, der Stilsicherheit, der Kultur rings um den Erdkreis. Dem Land selbst kam der Bau teuer zu stehen. Vielleicht sogar weniger unmittelbar durch die gewaltigen Entstehungskosten und durch den Luxus, der an ihm, entsprechend seiner Anlage und seiner Ausmaße, entfaltet wurde, als durch die Gewohnheit, die seinetwegen die französischen Könige annahmen, praktisch ausschließlich hier zu residieren und damit Paris und dem Pariservolk fremd zu werden. Das wurde zu einer der Ursachen der Französischen Revolution. Diese, in gewissem Sinne heute noch *die* Revolution schlechthin, plünderte, versetzte, verwüstete barbarisch das Innere des Palastes. Heute verwendet man sorgfältige Mühe auf die Restauration, um Frankreich den berühmtesten, den besuchtesten, den großartigsten seiner Profanbauten zurückzugeben.

Schon als persönlicher Freund von Racine und von Molière hatte Ludwig XIV. im Palais de Versailles ein Theater vorgesehen. Aber erst sein Nachfolger, Ludwig XV., verwirklichte den Plan, und zwar spät im Hinblick auf die Festlichkeiten der Heirat des Dauphins mit Marie-Antoinette. Jahrelang verschleppt, nahm das Projekt 1768 feste Formen an. Eindeutig befahl der König dem Architekten Gabriel, «von jetzt ab in zweiundzwanzig Monaten den Saal von Versailles zu vollenden». Der Herrscher geizte nicht mit Geld – zwei Millionen Livres – die erlaubten, ein Team der besten zeitgenössischen Künstler unverzüglich ans Werk gehen zu lassen. Aus Gründen der Akustik, aber auch der Schnelligkeit und der Wirtschaftlichkeit wurde der Saal in Holz ausgeführt unter der Leitung eines hervorragenden Fachmannes, Louis Delanois, der sich mit wunderbar getreuer Sorgfalt jeden Details annahm. Der König überwachte die Arbeit sehr genau; am 11. Juli 1769 besichtigte er das Modell. An Stelle der geplanten Staatsloge befahl er drei kleine, mit Gittern versehene Logen. Das entsprach seinem Geschmack, verbesserte aber auch die Akustik des ganzen Saales. Zum vorgesehenen Datum der Eröffnung und der Heirat war alles vollendet.

Die Harmonie des Raumes sticht ins Auge, die Harmonie, die gefügt wird von dem Samt der Sitze, von smaragdgrün bis himmelblau, gefügt auch von dem Vorhang, dessen Seide von Lilien durchwirkt ist, und von den zarten Skulpturen, die Pajou in einem schon auf Ludwig XVI. hintendierenden Stil ausführte.

Von allen Sälen des Palastes ist die Grande Galerie, auch «Galerie des glaces» genannt, mit 72 Metern Länge, 10 Metern Breite, 13 Metern Höhe nicht nur der größte, sondern auch der am großartigsten ausgestattete. Er entstand 1682 unter der Bauführung von Mansart dort, wo Le Vau zuerst im Mittelbau eine Terrasse vorgesehen hatte. Die Galerie des glaces kannte Vorläufer, in Paris selbst sogar, im bereits früher genannten Hôtel Lambert, vor allem jedoch in den Palästen Italiens, in Rom und in Florenz. Mehr noch als Vorläufer fand er Nachläufer, Nachahmungen. Aber unter allen seiner Art bleibt der Saal von Versailles der majestätischste, und zwar gerade wegen der Durchführung des architektonischen Prinzips, das zu seinem Namen führte: Durch die 17 großen Rundfenster, die auf den unermeßlichen Park hinausschauen, flutet das Licht des Himmels in den Raum. Aufgefangen und zurückgeworfen wird es durch ebenso viele, entsprechend parallel gestellte «falsche» Fenster, das heißt Spiegel, die auf den Rand hin geschliffen, in Zinn gefaßt und von Marmor umkleidet sind.

Lebrun beendete die Innenausstattung 1682. Die Fülle der Pilaster, Friese, Stukkaturen und des Laubwerkes aus Marmor und ziseliertem Kupfer wirkte zu seiner Zeit ebenso neu wie luxuriös. Um die antiken Symbolordnungen zu ersetzen, erfand der Hofmaler von Ludwig XIV. eine «französische Symbolreihe» aus Hähnen, Lilienzweigen, Sonnen – Wappenzeichen des Königs und der Nation. Eine derartige Galerie, ein derartiger Saal erschien wie vorbestimmt für die großen Szenen der Geschichte. Die beiden berühmtesten und in gewissem Sinne polaren Szenen waren die Gründung des Deutschen Reiches durch Wilhelm I. am 18. Januar 1871 und die Unterzeichnung des berühmten und oft genannten Versailler Vertrages am 26. Juni 1919, der dem Ersten Weltkrieg und damit diesem Reich ein Ende setzte.

Einstöckig, ist das Grand-Trianon diesem Namen zum Trotz ausgesprochen klein, ja, es mag den Eindruck erwecken, als ducke es sich wie im Versteckspiel hinter das Laubwerk des Palastes. Sein Zweck war denn auch, dem großen König immer, wenn er sich von der einzwängenden Etikette des Hofes ermüdet fühlte, Entspannung, eine Art Urlaubsdomizil zu schenken. Um 1670 hatte der König bei Le Vau am Ende seines Jagdgeländes einen Pavillon in holländischem Stil und aus holländischem Material bestellt. Saint-Simon spricht denn auch in seinen Memoiren «von einem Haus aus Porzellan, geschaffen, um darin seinen Imbiß zu verzehren». Doch dieses Haus verfiel. Der König beauftragte darauf 1687 Mansart, dessen Schwager Robert assistierte, den gegenwärtigen Trianon zu errichten, ein Gebäude durchaus eigener Prägung. Zwei lange Flügel, in Treppen mündend, die auf den Park hinausgehen, eine sogenannte «galerie à jour», eine Art Wintergarten. Die mit rosarotem Marmor bedeckten Fassaden bieten einen graziösen und erlesenen Anblick.

Im Januar 1688 nahm der König hier erstmals seine Mahlzeit ein. Hierher beorderte er den Grand Dauphin, den Herzog von Orléans, und seine Mätresse, Madame de Maintenon sowie auch seine entzückende Enkelin, die Herzogin von Burgund. In dem schönen, typisch französisch gestalteten Garten mit seinen Teichen, Wasserspielen, mit den ansteigenden und im erholsamen Rund angelegten Ruheanlagen, mit seinen Kaskaden, die alle unterbrochen und belebt werden von Skulpturen und Reliefs, unternahm der große König am 11. August 1715 seinen letzten Spaziergang.

Der Raum, den dieses Bild zeigt, «la Chambre du Roi», spricht für den Luxus, den der König selbst bei intimerem, formfreierem Aufenthalt wahrte. Auffallend ist, daß die Holzverkleidungen blank geblieben sind. Vorgesehen waren Vergoldungen, die aus Sparsamkeit oder Eile unausgeführt blieben. Die Wirkung ist also nicht bezweckt. Um so glücklicher mag sie sein.

Als Ludwig XVI., soeben König geworden, Marie-Antoinette das Schlößchen Petit-Trianon zum Geschenk machte, wollte sie es zu einem ländlichen Weiler ausbauen lassen. Wie der Prince de Condé zu Chantilly folgte sie damit der Moderichtung jener Zeit – «Zurück zur Natur!» –, die Jean-Jacques Rousseau zur Maxime erhoben hatte. Ihr Architekt, Richard Mique, unterstützt durch den Maler Hubert Robert, entsprach ihrem Wunsch und schuf für sie das bedeutendste künstliche Dorf dieses Genres. Meierei, Stallungen, Scheune, Wäscherei, zwei Molkereien – insgesamt zwanzig leichte Gebäude, mit Strohdächern versehen, wuchsen aus dem Boden. Neun davon existieren noch heute, darunter die Mühle mit ihrem echten Mühlrad, die wir auf diesem Stich sehen. Grotten, Felsen, Weglein, kleine Brücken und Bäche, die zum Fischen einladen, tragen zur Lieblichkeit der Landschaft bei. Einige Baulichkeiten waren im Innern reich ausgestattet für das Spiel, die Bälle, die Mahlzeiten der Königin, aber es gab auch Kühe auf den Wiesen, Getreidefelder, Gemüsegärten, Obstbäume, einen Brunnen und Viehtränken und natürlich Bauernfamilien, die dort ihrer Arbeit nachgingen – zur großen Freude von Marie-Antoinette, die sie oft besuchte. Eines Tages, als man aus der Schweiz Ziegen und Schafe schickte, wünschte sie, daß «der Ziegenbock weiß und nicht böse» sei.

Fast alles davon ist heute verschwunden; die Bäume sind sehr groß geworden und verhindern jeglichen Anbau; doch immer noch existieren einige der schönsten Gebäude: «la maison de la Reine» (das Haus der Königin) und «la maison du billard», der Liebestempel und das Belvédère de l'escargot. Und auch die Erinnerung an die junge, charmante Herrscherin, wie sie «Bauernmädchen» spielt im Stile einer Oper von Grétry oder Mozart, ist noch lebendig.

Der Park – oder genauer – die Gärten von Versailles entstanden noch vor dem Umbau des kleinen Schlosses Ludwigs XII. Getragen vom unerschütterlichen Vertrauen und der Bewunderung Ludwigs XIV., schuf der Meistergärtner Le Nôtre diesen großartigen Rahmen zum Schloß von Versailles. Die Aufgabe war sehr mühsam, denn der sumpfige Boden erforderte umfangreiche Erdaufschüttungen und Entwässerungsarbeiten. Unter der Mithilfe des Ingenieurs François de Francine, der die hydraulischen Anlagen konstruierte, entstanden Bassins und Brunnen, der Grand Canal (1667) und 1400 Fontänen, von denen nur noch 607 existieren. Der Maler Lebrun kümmerte sich um die skulpturelle Ausgestaltung; nach seinen Entwürfen arbeiteten die besten Künstler, wie Keller und Tuby, der Schöpfer der Laokoon-Statue, die wir hier sehen. Wie wir wissen, gilt diese Gruppe, deren Original 1506 in Rom entdeckt wurde und die Michelangelo restauriert und vervollständigt hat, als *das* Meisterwerk der griechischen Kunst. Das Werk wird begleitet von zahllosen Statuen, die mehr oder weniger der Antike nachgebildet sind. Mit dem Weiß ihres Marmors oder ihren warmen Bronzetönen kontrastieren sie reizvoll mit dem Grün der Alleen und Lustwäldchen.

Am schönsten aber ist die geometrische Stilreinheit dieses Parks, die die Linien des Schlosses einrahmt und auf wunderbare Weise zur Geltung bringt. Le Nôtre schuf im Auftrag Ludwigs XIV. und entsprechend dem klassischen Ideal der französischen Gartenbaukunst bewußt diese architektonische Konzeption. Alle Bezeichnungen der Anlagen sind übrigens der Architektur entliehen: Ballsaal, Gemächer, «möbliert» mit Büfetts und Tischen; dekoriert mit Teppichen, Stickereien, Spiegeln aus Wasser; ja wir finden sogar eine Antiquitätengalerie. Diese Freiluft-Appartements dienten für Empfänge, Festlichkeiten und Schauspiele. Die sorgfältig gestutzten Bäume bildeten richtige Mauern, wie wir alten Gravierungen entnehmen. Eine einzige bedeutende Änderung wurde 1775 vorgenommen, als man den Park vollständig neu anpflanzte. Unter dem Einfluß von Hubert Robert machten die gestutzten Hecken Bäumen Platz, die ungehindert ihr Laubwerk entfalten konnten. Daraus entstand eine Synthese aus dem Garten à la française, dessen «kalte» Regelmäßigkeit man damals nicht ausstehen konnte, mit der Poesie der freien Natur. Zweifellos übt dieses veränderte Aussehen, auch wenn es nicht mehr dem ursprünglichen Stil entspricht, einen neuen, majestätischen Charme auf uns aus.

ERLÄUTERUNGEN UND HINWEISE

VON XAVER SCHNIEPER

Anna von Österreich (1601–1666), Tochter Philipps III. von Spanien, vermählte sich 1615 mit König Ludwig XIII. von Frankreich. Als Parteigängerin Spaniens war sie eine Gegnerin Richelieus. Nach dem Tode ihres Gemahls führte sie 1643–1651 die Regentschaft für ihren minderjährigen Sohn Ludwig XIV. Hinter ihr stand als entscheidende Persönlichkeit Kardinal Mazarin, mit dem sie persönlich eng verbunden war. Als Frau war sie stolz und würdebewußt, aber ohne staatsmännische Begabung.

Aldes, siehe «Songe de Polyphile».

Apollinaire, Guillaume (1880–1918), französischer Lyriker polnischer und italienischer Abstammung, hielt sich um die Jahrhundertwende längere Zeit in Deutschland auf und ließ sich 1903 endgültig in Paris nieder, wo er zu einem Wortführer der literarischen und künstlerischen Avantgarde, vor allem des Kubismus, wurde. Seine Gedichte sind erfüllt von einem leidenschaftlichen sinnlichen Zauber und durchtränkt mit Musikalität und Melancholie.

Arsenal, Bibliothèque de l'. Sie ist neben der Nationalbibliothek Frankreichs wichtigste Bibliothek. Ihr Bestand umfaßt 500000 Bände und 6858 Manuskripte. Das Gebäude wurde im 16. Jahrhundert gebaut und diente bis zur Französischen Revolution als Sitz des «Grand Maître de l'Artillerie». Die Bibliothek wurde aus den Beständen der beschlagnahmten Bibliothek des Grafen Artois gegründet und 1797 dem Publikum zugänglich gemacht. 1823 wurde der Dichter Charles Nodier zum Direktor dieser Bibliothek ernannt.

Baroche, Madame, Gattin des französischen Ministers Jules Pierre Baroche (1802–1870), der von 1852 bis 1863 Präsident des Conseil d'Etat war und politisch einen zwar fortschrittlichen, aber prinzipientreuen Konservativismus vertrat.

Baudelaire, Charles (1821–1867), französischer Lyriker, der vor allem durch seinen Gedichtband «Les Fleurs du mal» bekannt geworden ist. Künstlerisch bekennt er sich zur Theorie des «L'art pour l'art», denn die Dichtung, die Welt der Poesie, der Kunst und der Phantastik bildeten für ihn jene «künstlichen Paradiese», zu denen er flüchtete, weil er mit den Ansprüchen des realen Lebens nicht fertig wurde. Seine «Fleurs du mal» sind von Stefan George eigenwillig ins Deutsche übertragen worden. Die neueste Übersetzung der «Blumen des Bösen» stammt von Carlo Schmid.

Beaumarchais, Pierre Augustin Caron de (1732–1799), französischer Dramatiker, der an rastloser Betätigung auf fast allen Gebieten des praktischen Lebens seinesgleichen nicht hat: Dichter und Kaufmann zugleich, waghalsiger Spekulant, geheimer Agent, Buchhändler, Musiklehrer, Pamphletschreiber, Waffenlieferant, Uhrmacher und als solcher «horloger du roi». Für eine runde Summe kaufte er sich alsdann das «de» vor seinen Namen. Literarisch berühmt wurde er durch seine beiden dramatischen Meisterstücke: «Le Barbier de Séville» und «Le Mariage de Figaro». In den Mittelpunkt beider Komödien stellte er den Bediensteten Figaro, der, mit Verstand und Mutterwitz begabt, des Autors Angriff gegen die adlige Gesellschaft, deren Privilegien und Standesdünkel in erfrischender, spöttischer Art zum Ausdruck bringt. Zündend verkörpert sich in den beiden Komödien der neue Geist der Auflehnung, der zur Französischen Revolution führte. Rossinis «Der Barbier von Sevilla» und Mozarts «Figaros Hochzeit» fußen textlich auf Beaumarchais' Komödien.

Berry, Jean I., Herzog von (1340–1416), Bruder des französischen Königs Karl V., Kunst- und Bücherliebhaber, einer der ersten Sammler im neuzeitlichen Sinn. Weltberühmt sind die von ihm in Auftrag gegebenen Stundenbücher, vor allem die «Très belles heures» (Brüssel, Nationalbibliothek) und die «Très riches heures» (Musée Condé in Chantilly). Die berühmtesten unter den Miniaturen des Stundenbuches in Chantilly sind die 12 Monatsbilder, die der Maler und Miniaturist Pol de Limbourg geschaffen hat. Das Blatt «Juni» zeigt ein Bild der königlichen Residenz auf der Cité, wie es sich dem Herzog von Berry von seinem Pariser Wohnsitz aus, dem Hôtel de Nesles, dargeboten hat.

Boileau, Nicolas (1636–1711), französischer Dichter und Kunsttheoretiker, seit 1677 Historiograph Ludwigs XIV., Freund Racines, Molières, La Fontaines. Seine Dichtungen sind weniger bedeutend als sein theoretisches Werk «Art poétique», eine Vers-Epistel, in der er das dichtungstheoretische Gemeingut seiner Zeit verarbeitete und die Grundlagen des französischen Klassizismus schuf: Dichtung sei «Nachahmung der Natur», jedoch so, daß das Roh-Stoffliche durch Stilisierung geläutert werde. Boileaus Mahnung zur formalen Zucht und sauberen Handwerklichkeit sicherte ihm in Frankreich eine Wirkung bis weit ins 19. Jahrhundert hinein.

Carmontelle, Louis (1717–1806), Maler, Architekt und Schriftsteller, organisierte die Feste von Philipp d'Orléans, Herzog von Chartres. 1773 schuf er den Park Monceau. Literarisch wurde er bekannt durch seine «Proverbes», leichte, aber formal anspruchsvolle Komödien, deren Stil später von Alfred de Musset übernommen wurde.

Carnavalet. Das Hôtel Carnavalet, in der Rue de Sévigné gelegen, beherbergt heute das Pariser Stadtmuseum, das besonders reich mit kostbaren Dokumenten aus der Revolutionszeit versehen ist. Das Gebäude, als Hôtel de Ligneris von Architekt Pierre Lescot erbaut, wurde von 1677 bis 1696 von Madame de Sévigné bewohnt. Von hier aus schrieb sie die berühmten Briefe an ihre Tochter, die mit dem Grafen von Grignan verheiratet war.

Casanova, Giacomo Girolamo (1725–1798), italienischer Schriftsteller und Abenteurer, in Venedig geboren und in Dux (Böhmen) gestorben, wurde durch seine Memoiren «Histoire de ma vie» berühmt. Ursprünglich zum Priesterstand bestimmt, wurde er erstmals durch seine kühne Flucht aus den Bleikammern Venedigs bekannt (1756). Von Lebenshunger getrieben, durchzog er als Spieler, Frauenheld, Philosoph und Alchimist ganz Europa, kam dabei mit fast allen großen Persönlichkeiten des Jahrhunderts in Kontakt. Seit 1785 versah er auf dem Schloß des Grafen Waldstein in Dux das Amt eines Bibliothekars und schrieb dort in französischer Sprache seine Memoiren. Die erste vollständige Ausgabe erschien 1960–1962 in Wiesbaden und Paris, eine entsprechende deutsche Übersetzung im Jahre 1964ff.

Cendrars, Blaise (1887–1961), französischer Schriftsteller schweizerischer Abstammung, umfuhr mehrmals die Welt, war Matrose, eine Zeitlang Fremdenlegionär und betätigte sich später als Journalist. Seine Jugendgedichte beeinflußten Guillaume Apollinaire und die Surrealisten. Sein Temperament ist voll überschäumender Lebensfreude und äußert sich in einer überraschend reichen Bildersprache. Ein Großteil seiner Werke wurde ins Deutsche übersetzt, unter anderen: «Moloch», «Mireilles kleines Tagebuch», «Madame Thérèse» und «Wind der Welt».

Charles, siehe Karl.

Chateaubriand, François René (1768–1848), wurde in Saint-Malo geboren, erhielt eine verschrobene Erziehung, ergriff die Soldatenlaufbahn, betrachtete mit Skepsis den Ausbruch der Revolution, schiffte sich im April 1791 nach Amerika ein, angeblich um die Nordwestpassage zu entdecken, kehrte ein Jahr später nach Frankreich zurück, war angewidert von den Ergebnissen der Revolution und emigrierte nach London. Unter dem Konsulat Napoleons kehrte er wieder nach Paris zurück und veröffentlichte 1802 sein literarisches Hauptwerk, das ihn mit einem Schlag berühmt machte: «Le Génie du Christianisme». Ihm sind als «Episoden» zwei kleine Romane einverleibt: «Atala» und «René». Der melancholische Grundton des letzteren übte auf die französische Jugend einen ungeheuren Einfluß aus und begründete jenes Gefühl des Überdrusses, das in die französische Geistesgeschichte als «mal de siècle» eingegangen ist. Nach dem Sturz Napoleons betätigte er sich wieder als Politiker, wurde Gesandter Frankreichs in Berlin, London und Rom. Sein umfangreiches literarisches Werk, Hauptzeugnis der französischen Romantik, befruchtete ein Jahrhundert lang den europäischen Konservativismus.

Choltitz, Dietrich (1894–1966), deutscher General. War während des Zweiten Weltkrieges vom 7. bis zum 24. August 1944 «Wehrmachtsbefehlshaber in Groß-Paris» und verhinderte die Ausführung des Befehls von Hitler, Paris zu zerstören.

Clébert, Jean-Paul, geb. 1926, schrieb außer dem Roman «Le Blockhaus» die berühmt gewordene Reportage «Paris insolite».

Clémenceau, Georges (1841–1929), ursprünglich von Beruf Arzt. Seit 1876 war er Führer der radikalen Linken und ein gefürchteter Journalist. Von 1917 bis 1920 war er Ministerpräsident. Dank seiner Unerbittlichkeit, mit der er jeden Defätismus bekämpfte, erwarb er sich den Beinamen «Père de la victoire». Der harte Versailler Vertrag entsprach seinem politischen Temperament. 1920 zog er sich verbittert aus dem politischen Leben zurück. Der Bildhauer François Cogné schuf das eindrucksvolle Standbild, das zum Andenken des «Tigers» an der Avenue des Champs-Elysées aufgestellt wurde.

Clovis I. (althochdeutsch Chlodwig, neuhochdeutsch Ludwig), (466–511), König der salischen Franken, Begründer des fränkischen Reiches, besiegte 486 den römischen Statthalter Syagrius und nahm Nordgallien bis zur Loire in Besitz, trat 498 unter dem Einfluß seiner Gemahlin Chlothilde zum Katholizismus über. Nach Besiegung der Westgoten (507) eroberte er deren Gebiet bis zur Garonne, beseitigte die anderen fränkischen Teilkönige und dehnte seine Herrschaft über alle fränkischen Stämme aus.

Cochin, Nicolas (1610–1686), lebte und wirkte als Zeichner und Radierer in Paris, wo er u.a. eine Reihe von Stadtansichten schuf. Sein Hauptwerk ist die Mitarbeit an der Bildfolge, die die Taten Ludwigs XIV. verherrlichte.

Cocteau, Jean (1889–1963), Lyriker, Dramatiker, Romanschriftsteller, Dramaturg, Essayist, Kunstkritiker, Choreograph, Maler und Cinéaste. Er verfügte über eine erstaunliche Leichtigkeit und Wendigkeit des Geistes, über einen scharfen Verstand und über die Gabe, alles, was in seinen Gesichtskreis kam, in geschmackvolle, verspielte Artistik zu verwandeln. 1955 wurde er Mitglied der Académie française. Im Ausland wurde er besonders durch seine surrealistischen Filme «Orphée» und «La Belle et la Bête» und auf der deutschen Bühne durch das Drama «L'Aigle à deux têtes» («Doppeladler») bekannt.

Comédie-Française. Der Theaterbau «Comédie-Française» wurde 1787 durch den Architekten Victor Louis als Teil des Palais-Royal errichtet. Dieser Bau beherbergt das Ensemble der Comédie-Française, der «Société des comédiens français», eine Theatertruppe, die sich aus dem Ensemble Molières entwickelte und 1680 von König Ludwig XIV. ihr Statut und den Namen «Comédie-Française» erhielt. Diese Gesellschaft eigenen Rechtes hat heute noch die gleiche Aufgabe wie zu Zeiten Ludwigs XIV.: Sie soll das dramatische Erbe Frankreichs bewahren und ihr Repertoire wenn möglich durch neue Meisterwerke bereichern. Das im wesentlichen noch heute gültige Statut der Selbstverwaltung durch die Schauspieler (Sozietäre genannt) wurde von Napoleon I. am 15. Oktober 1812 in Moskau unterzeichnet. Kennzeichnend für den auch heute immer noch praktizierten Aufführungsstil der Comédie-Française ist die Überhöhung der Geste und der Sprache.

Cour des Miracles (Mirakelhof). Mit diesem Ausdruck bezeichnete man eine Stätte, wo sich Landstreicher und Bettler zusammenfanden, um sich dem Zugriff der Polizei zu entziehen. Es gab im alten Paris ein Dutzend solcher Zufluchtsorte. Der wichtigste – und er konnte sich bis 1667 halten – befand sich zwischen der heutigen Rue du Caire und der Rue Réaumur. Vom großen Innenhof aus gingen kleine Passagen nach allen Richtungen, die leicht zu verteidigen waren. Die Polizei zog es deshalb vor, auf dieser Stätte nicht zu erscheinen, so daß sie für ihre Bewohner ein gesichertes Asyl bildete. Es lebten dort Tausende von Bettlern, die streng organisiert waren. An ihrer Spitze stand ein von ihnen gewählter «König». Tagsüber zogen Krüppel, Lahme, Blinde, Stumme, Taube und mit allerlei Bresten behaftete Kranke bettelnd durch die Straßen der Stadt. Abends kehrten sie in ihr Asyl zurück, wo sie sich ihrer Gebresten und Krücken entledigten und wieder gesund wurden. Dieses täglich sich wiederholende «Mirakel» gab dem Zufluchtsort den Namen. Im Roman «Notre-Dame de Paris» hat Victor Hugo solche Orte und ihre Zustände meisterhaft beschrieben.

Debucourt, Philibert Louis (1755–1832), französischer Maler und Kupferstecher, gehört neben Janinet zu den bedeutendsten Farbenstechern seiner Zeit. Seine besten Werke sind die meisterhaft gestochenen, amüsanten Sittendarstellungen des Pariser Lebens zur Zeit des Direktoriums.

Deffand, Marie Marquise du (1697–1780), gilt als eine der intelligentesten Frauen des 18. Jahrhunderts. Im Jahre 1730 eröffnete sie ihren Pariser Salon, in welchem fast alle berühmten Zeitgenossen verkehrten, so etwa Voltaire, d'Alembert, Montesquieu, Fontenelle, Marivaux, Marmontel, Turgot, Condorcet. Als sie 1753 erblindete, machte sie Fräulein de Lespinasse zu ihrer Gesellschafterin.

Delille, Jacques (1738–1813), französischer Dichter. Den Titel «Abbé» erhielt er von der Pariser Abtei Saint-Séverain, wo er eine Zeitlang gewohnt hatte, ohne jedoch in den Orden einzutreten oder die Weihen zu empfangen. Der zitierte Vers über den Parc Monceau findet sich in dem seinerzeit berühmten Gedicht «Les Jardins».

Derain, André (1880–1954), französischer Maler, der zusammen mit Matisse, Flaminck, Braque, Rouault, Dufy und anderen der 1905 gegründeten Gruppe der «Fauves» angehörte. Später gelangte er unter dem Einfluß Cézannes und des frühen Kubismus zu einer geometrisierenden und dem Naturvorbild angenäherten Verfestigung der Formen, in denen sich das Fortleben der klassischen Tradition der französischen Malerei manifestierte.

Deschamps, Eustache (1340–1407), französischer Dichter, der durch Europa, Asien und Afrika gereist war und in sarazenische Gefangenschaft kam. Zurückgekehrt nach Frankreich, trat er in die Dienste der Könige Karl V. und Karl VI. Er schrieb über tausend Balladen, die einen Sittenspiegel seiner Zeit darstellen.

Dupont, Name einer Kette volkstümlicher, großer Pariser Restaurants, vergleichbar mit den Aschinger-Restaurants im Berlin der zwanziger Jahre.

Fargue, Léon-Paul (1876–1947), französischer Schriftsteller und Dichter, wurde berühmt als Chronist von Paris. Unablässig durchwanderte er diese Stadt und hielt seine Eindrücke unter anderem in Büchern wie «D'après Paris» und «Le Piéton de Paris», deutsch «Der Wanderer durch Paris», (1967) fest. Als bedeutsamer Lyriker übte Fargue einen großen Einfluß auf die Surrealisten aus.

Franz I. (1494–1547), König von Frankreich, Sohn Karls von Orléans, Graf von Angoulême. Er folgte 1515 seinem Schwiegervater Ludwig XII. auf den Thron. Als Erbe der französischen Ansprüche auf Italien und das Herzogtum Burgund wurde er zum dauernden Gegner Kaiser Karls V. Franz I. war ein glänzender Renaissance-Fürst, voll unruhiger politischer Energie. Er rief Leonardo da Vinci und Benvenuto Cellini ins Land, förderte die humanistischen Studien und gründete das Collège de France. Unter seiner Regierung entstanden die Ansätze für ein nur von der Krone abhängiges Beamtentum, so daß er als Wegbereiter des französischen Absolutismus gelten kann.

Froissart, Jean (ca. 1333 bis ca. 1400), französischer Dichter und Chronist. Berühmt wurde er durch seine ca. 1384 erschienenen «Chroniques», die ein farbenprächtiges Bild der mittelalterlichen feudalen Gesellschaft entwerfen.

Fujita, Tsugouharu (1866–1968), japanischer Maler, Lithograph und Radierer, der seit 1913 in Paris tätig war, wo er sich mit Picasso und Henri Rousseau anfreundete. Er strebte eine Vereinigung fernöstlicher und westlicher Kunstformen an und wird auch heute noch wegen seiner starken dekorativen Begabung und seines zeichnerischen Könnens hochgeschätzt.

Gabriel, Jacques-Ange (1698–1782), französischer Architekt, Mitbegründer des Frühklassizismus. Er ging vom Rokoko aus und führte die französische Baukunst zu einem gemäßigten Klassizismus, indem er sich von Vorbildern der Antike inspirieren ließ. Er leitete zahlreiche Umbauten an den Schlössern von Versailles, Fontainebleau, Compiègne u.a. Seine eigentlichen Hauptwerke: die Ecole militaire in Paris, das Schlößchen Petit Trianon im Park von Versailles, das Hôtel de Ville in Dijon und das Palais der Ehrenlegion in Paris. Am eindrücklichsten hat er sich verewigt durch die Anlage der Pariser Place de la Concorde.

Gallieni, Joseph (1849–1916), französischer Marschall. Nach Ausbruch des Ersten Weltkrieges wurde er zum Militärgouverneur von Paris ernannt. Legendär wurde seine Initiative, die im September 1914 zum Sieg an der Marne führte: Gallieni mobilisierte alle Pariser Taxis, um Reserven der 6. französischen Armee zuzuführen, die am 5. September 1914 am Ourcq in den Kampf eingriff und dadurch die berühmt gewordene Lücke zwischen der ersten und zweiten deutschen Armee schuf, wodurch der deutsche Vormarsch zum Stillstand kam. Dieser Vorgang ist in die französische Geschichte als «Wunder an der Marne» eingegangen.

Garnier, Jean-Louis-Charles (1825–1898), französischer Architekt, der nach jahrelangen Reisen in Italien und Griechenland 1860 Stadtarchitekt von Paris wurde. 1861 erhielt er den Auftrag zum Bau der Pariser Oper. Nach einer Bauzeit von vierzehn Jahren wurde sie 1875 eingeweiht.

Gaxotte, Pierre, geb. 1895, nationalistisch orientierter französischer Historiker und Journalist, seit 1953 Mitglied der Académie française. Bekannt sind: «La Révolution française», «Le Siècle de Louis XV», «Histoire des Français» und «Histoire de l'Allemagne».

Geoffrin, Marie-Thérèse (1699–1777), Gattin eines reichen, aber völlig ungebildeten Bourgeois, verstand seit dem Jahre 1749 in der Rue Saint-Honoré einen Salon zu unterhalten, in welchem sie abwechslungsweise Künstler, Literaten und Angehörige der Aristokratie trafen; auch Ausländer gingen bei ihr ein und aus, so etwa Abbé Galiani, Horace Walpole und der Prinz Stanislas Poniatowski, der sie, nachdem er König von Polen geworden war, 1766 nach Warschau einlud.

Goncourt, Edmund de (1822–1896), und Goncourt, Jules de (1830–1870), bekannt als Gebrüder Goncourt, die vor allem durch ihr gemeinsam geschriebenes Tagebuch, das erst nach dem Tode von Jules herausgegeben wurde, Berühmtheit erlangten. Lesenswert sind heute noch ihre Bücher, die sich mit der französischen Zivilisation im 18. Jahrhundert befassen. In seinem Testament stiftete Edmund de Goncourt die «Académie des Goncourt», die seit 1903 alljährlich im Dezember den berühmtesten und begehrtesten Literaturpreis Frankreichs vergibt.

Goujon, Jean (1515–1558), französischer Bildhauer und Architekt, typischer Vertreter des Renaissancestils in Frankreich. Als Bildhauer war er vor allem an der dekorativen Ausschmückung des Louvres beteiligt.

Guitry, Sacha (1885–1957), französischer Schriftsteller, Dramatiker, Schauspieler und Regisseur. Als Sohn des Schauspielers Lucien Guitry wurde er in Petersburg geboren. Seit 1902 bis zu seinem Tode schrieb er über 120 Theaterstücke, in denen er meist die tragende Rolle selbst spielte. Er schuf auch zahlreiche Filme, unter denen die folgenden künstlerisch hervorragen: «Le Roman d'un Tricheur», «Remontant les Champs-Elysées», «Si Versailles m'était conté», «Napoléon». Guitry war der unbestrittene Meister des witzigen und anspruchsvollen Amüsements, des geistreichen und charmanten Pariser Boulevardtheaters! Auf der deutschen Bühne hatte eine seiner letzten Komödien «Nicht zuhören, meine Damen» großen Erfolg (1951).

Haussmann, George Eugen (1809–1891), war von 1853 bis 1870 Präfekt des Seine-Departements. Er gilt als Schöpfer des modernen Paris, wie es sich heute noch durch seine Boulevards und Avenuen dem fremden Besucher präsentiert. Unter seiner Administration wurden die Halles centrales, die Oper, das Theater Châtelet, die Kirche La Trinité und die großen Bahnhöfe erbaut. Auteuil, Passy, Montmartre, Grenelle, Vaugirard wurden der Hauptstadt einverleibt und im Westen die Gegend um den Etoile erschlossen. Seine durch ihn vollzogene städtebauliche Umformung von Paris wird von den modernen Städtebauern heftig kritisiert: «Haussmann, der im Auftrag des Kaisers die großen Boulevards baute, ist ein ganz neuer Typ von Städtebauer, ein Spekulant. Er beschließt denn auch seine Tätigkeit nicht, wie dies bei erfahrenen Städtebauern so üblich ist, als akademischer Städtebauprofessor, sondern als Direktor des Crédit mobilier, einer großen Bodenspekulationsbank», schreibt der Stadtbautheoretiker Arnold Stöckli in seiner Schrift «Die Stadt. Ihr Wesen und ihre Problematik», Köln 1954.

Heinrich II. (1519–1559), König von Frankreich 1547–1559, Sohn Franz' I., heiratete 1533 Katharina von Medici, erlag aber sehr bald den Reizen der Diana von Poitiers, die praktisch die Rolle der Königin einnahm. Durch die Verhältnisse wurde er gezwungen, innenpolitisch immer schärfer gegen die Calvinisten vorzugehen, obwohl gerade durch den Calvinismus die vom Hof ausgehende künstlerische und literarische Kultur, die als «Style Henri II» in die Geschichte eingegangen ist, entscheidend mitgeformt und mitgetragen wurde.

Heinrich III., von Valois (1551–1589), wurde auf Betreiben seiner Mutter, der Katharina von Medici, 1573 zum König von Polen gewählt und 1574 gekrönt, verließ jedoch noch im gleichen Jahr Polen, um die Nachfolge seines Bruders Karl IX. als König von Frankreich anzutreten. Da er kinderlos blieb und sein jüngerer Bruder, Heinrich von Alençon, 1584 starb, fiel seinem Schwager, dem Führer der Hugenotten, König Heinrich von Navarra, Gemahl der Marguerite von Valois (spätere «Reine Margot»), die Anwartschaft auf den französischen Königsthron zu. In den Wirren zwischen der katholischen Liga und den Hugenotten wurde Heinrich III. 1589 vom Dominikanermönch Jacques Clément ermordet.

Heinrich IV. (1553–1610), König von Frankreich von 1589 bis 1610. 1562 erbte er das Königreich von Navarra. Heinrich IV. war Calvinist und seit 1569 das Haupt der Hugenotten. Bei seiner Heirat mit Marguerite von Valois kam es zur

Bartholomäusnacht. 1593 trat er zum Katholizismus über («Paris vaut bien une messe – Paris ist eine Messe wert!»). Durch das Edikt von Nantes gewährte er den Hugenotten Gewissensfreiheit, Kultfreiheit und einen festen Rechtsstatus. Unter ihm wurde die Kolonisierung Kanadas gefördert und 1608 Quebec gegründet. Der duldsame und sozial gesinnte König («Jedem Franzosen sonntags sein Huhn im Topf!») lebt in Legende und Literatur des französischen Volkes als ideale Herrschergestalt fort. In der deutschen Literatur wurde König Heinrich IV. durch die Romane «Die Jugend des Königs Henri IV» (1935) und «Die Vollendung des Königs Henri IV» (1938) von Heinrich Mann ein Denkmal gesetzt.

Henri, siehe Heinrich.

Ile-de-France. Historische Landschaft Frankreichs im Pariser Becken, Kern und Keimzelle des französischen Staates. Der Name tritt erstmals im 15. Jahrhundert für die im Norden von Paris durch die Flüsse Marne, Seine, Oise, Thève, Beuvronne umschlossene «Insel» auf und wurde dann auf das weit größere, im 16. Jahrhundert geschaffene Gouvernement ausgedehnt.

Isabeau de Bavière (1371–1435), bayerische Prinzessin, die sich 1385 mit König Karl VI. von Frankreich vermählte. Sie führte ein verschwenderisches und skandalöses Leben. Als Karl VI. 1392 gemütskrank wurde, übernahm sie die Regentschaft, verbündete sich mit ihrem Schwager, Herzog Ludwig von Orléans, nach dessen Tod 1407 mit seinem Mörder, Herzog Johann von Burgund, und dessen Nachfolger Philipp. Im Vertrag von Troyes (1420) erkannte sie, gegen ihren eigenen Sohn Karl, den englischen König Heinrich V. als französischen Thronerben an, konnte aber nach dessen Tod (1422) ihre weiteren Pläne nicht mehr verwirklichen: Ihr Sohn übernahm als Karl VII. 1422 die Regentschaft. Friedrich von Schiller hat in seinem Drama «Die Jungfrau von Orléans» die Gestalt der Isabeau zutreffend charakterisiert.

Julian (331–363), römischer Kaiser von 361 bis 363. Von den Christen Apostata (der Abtrünnige) genannt. Er wurde 355 von seinem Vetter, Kaiser Konstantin II., mit dem Schutz Galliens betraut, wo er sich durch die siegreiche Abwehr der Franken und Alemannen (357 Sieg bei Straßburg) bald hohes Ansehen erwarb. Nach dem Tode Konstantins II. wurde er bald als alleiniger Nachfolger anerkannt. Obwohl ursprünglich christlich erzogen, bekannte er sich als Kaiser seit 361 offen zu einem im neuplatonischen Geist erneuerten Heidentum. Henrik Ibsen ließ sich durch die Julian-Gestalt zu seiner Tragödie «Kaiser und Galiläer» (1888) anregen, und D. S. Mereschkowski entwarf eine romanhafte Biographie dieses Kaisers in «Julian Apostata» (1903).

Karl V. (1500–1558), römisch-deutscher Kaiser, regierte von 1519 bis 1556. In den Niederlanden als Burgunder erzogen, erbte er 1506 von seinem Vater, Philipp dem Schönen, Burgund und die Niederlande. 1516 wurde er nach dem Tode seines Großvaters, Ferdinand des Katholischen, König von Spanien. 1519 wurde er gegen König Franz I. von Frankreich zum Kaiser gewählt. Er fühlte sich als Nachfahre von Karl dem Großen und sah im Kaisertum die mit dem Papsttum gleichberechtigte, allen Staaten übergeordnete Macht, deren Ziel es sein sollte, die Einheit des Glaubens und den Frieden zu sichern. Durchdrungen von der Bedeutung seiner Aufgabe, war Karl V. der letzte große Kaiser des Abendlandes, ohne jedoch die mittelalterliche Einheit gegen die Reformation und die aufkommenden National- und Territorialstaaten bewahren zu können. Enttäuscht legte er 1556 die Kaiserkrone nieder und zog sich in das Kloster San Geronimo de Yuste in Spanien zurück.

Karl V., der Weise (1337–1380), König von Frankreich seit 1364. Er nahm den Engländern fast alle Provinzen wieder ab, die sie in Frankreich erobert hatten. Er begünstigte die Pariser Universität und gründete die erste französische Nationalbibliothek.

Katharina von Medici (1519–1589), Königin von Frankreich als Gemahlin König Heinrichs II. (1553–1559). Sie stammte aus der florentinischen Fürstenfamilie der Medici und war eine Urenkelin von Lorenzo des Prächtigen. Sie ist die Hauptschuldige der «Pariser Bluthochzeit», als in der Nacht auf den 24. August 1572 (Bartholomäusnacht) anläßlich der Hochzeit von Marguerite, Tochter der Katharina von Medici, mit König Heinrich von Navarra die in Paris versammelten Hugenotten niedergemacht wurden.

Kerouak, Jack (1922–1969), amerikanischer Schriftsteller, gemeinsam mit Allen Ginsberg Hauptvertreter der Beat-Generation. Er unternahm zahlreiche Tramptouren durch die USA und Mexiko und bestritt seinen Lebensunterhalt mit Gelegenheitsarbeiten. Er war auf der Suche nach neuen Lebenswerten und spontaner Lebenserfüllung. Seine Erfahrungen als Tramper dienten ihm als Rohstoff, um das Lebensgefühl und die Lebensanschauungen der um neue Lebensformen ringenden Jugend der fünfziger und sechziger Jahre zu schildern. Deutsch liegen von ihm seine beiden wichtigsten Prosawerke vor: «Unterwegs» (1959) und «Gammler, Zen und hohe Berge» (1963).

Kisling, Moise (1891–1953), polnisch-französischer Maler, Vertreter der französischen Expressionistengruppe «Ecole de Paris», befreundet mit Modigliani, Picasso, Flaminck, Derain; schuf hauptsächlich Porträts (Colette, Michèle Morgan und des Pianisten Rubinstein).

Kluck, Alexander von (1846–1934), preußischer Generaloberst, führte im Ersten Weltkrieg das Kommando über die 1. Armee, die nach dem Schlieffen-Plan die Aufgabe hatte, Paris westlich zu umgehen und an die Seine vorzustoßen. Während der Marneschlacht (5.–9. September 1914) kam die zweite deutsche Armee unter Generaloberst von Bülow in Schwierigkeiten, so daß zwischen der 1. und 2. Armee eine Lücke von 40 km Breite klaffte, in die die 6. französische Armee vorrückte. Am 9. September befahl der deutsche Oberkommandierende von Moltke der in ihrer linken Flanke bedrohten Armee von Kluck den Rückzug hinter die Marne.

Kunstler, Charles, geb. 1887, französischer Schriftsteller, der eine Anzahl historischer Romane schrieb und sich überdies als Kunstschriftsteller einen Namen machte. Bekannt ist sein 1947 erschienenes Werk «Gauguin, peintre maudit».

Lapin agile (flinker Hase) lautet der Name eines «Cabaret rustique», das sich gegenüber dem berühmten Weinberg in der Rue des Saules auf dem Montmartre befindet. Sein ursprünglicher Name hörte sich sehr gefährlich an: «Cabaret des assassins» (Meuchelmörder). Eines Tages malte André Gill (1840–1885), bekannt als Schriftsteller, hervorragend als Karikaturist und mittelmäßig als Maler, einen Hasen auf das Hausschild, was dem Cabaret in der Umgangssprache den Namen «Lapin à Gill» eintrug. Für Leute, die den Namen des frühverstorbenen Gill nicht mehr kannten, transformierte sich der Name in die anschauliche Wortform «Lapin agile». Schon um die Jahrhundertwende war «Lapin agile» die offizielle Bezeichnung dieses Hauses. Zu den Stammgästen gehörten die Schriftsteller Mac Orlan, Roland Dorgelès, Francis Carco, zu denen sich neben anderen auch der Maler Utrillo und der junge, damals äußerst finanzschwache Picasso gesellten.

Larbaud, Valery (1881–1957), französischer Lyriker, Romanschriftsteller und Essayist. Er ist zusammen mit Cendrars, Morand, Kessel u.a. ein typischer Vertreter der französischen «Kosmopoliten». Weltbekannt wurde er durch seinen Roman «A. O. Barnabooth». Die letzte deutsche Ausgabe erschien 1962 unter dem Titel «A. O. Barnabooth. Tagebuch eines Milliardärs».

Le Brun, Charles (1619–1690), französischer Maler, Ornamentzeichner und Dekorateur. Seit 1662 «premier peintre du roi». Er wurde Mitbegründer des Stils Louis XV. Maßgebend war er beteiligt an der Gestaltung der Innendekoration des Schlosses von Versailles.

Lescot, Pierre (1510–1578), französischer Architekt, Hauptmeister der französischen Frührenaissance, wurde 1546 von Franz I. mit dem Neubau des Louvre beauftragt, dessen westlichen Flügel mit der prachtvollen Hoffassade er 1560 vollendete. Er schuf auch das Hôtel de Ligneris, heute bekannt unter dem Namen Musée Carnavelet.

Lespinasse, Julie-Jeanne-Eleonore (1732–1776), gehörte zu den geistig und gesellschaftlich emanzipierten Frauen des 18. Jahrhunderts. Nach tristen Jugendjahren in Vichy wurde sie 1754 von der schon fast erblindeten Madame du Deffand als Gesellschafterin nach Paris geholt. Als es 1764 zum Bruch der beiden Damen kam, zog Lespinasse in die Rue Saint-Dominique, wo sie in ihrem Salon ihre Freunde empfing, darunter den Präsidenten Hénault, Turgot, Marmontel und d'Alembert. Bekannt und berühmt sind ihre Liebesbriefe, die sie zwischen 1773 und 1776 an den Grafen de Guibert schrieb und die erstmals 1809 veröffentlicht wurden. Sie gehören zu den menschlich aufrichtigsten Dokumenten des 18. Jahrhunderts.

Le Vau, Louis (1612–1670), französischer Hofarchitekt unter Ludwig XIV., der maßgebend am Schloßbau in Versailles beteiligt war. Von ihm stammt auch der Plan des Palais für das Institut de France.

Louis, siehe Ludwig.

Ludwig VI. (1081–1137). König von Frankreich von 1108 bis 1137. Mit Energie pazifizierte er die Ile-de-France und schuf daselbst mit Hilfe seines Freundes Suger, Abt von Saint-Denis, ein hervorragendes Kulturzentrum.

Ludwig IX., der Heilige (1215–1270), König von Frankreich, übernahm 1226 unter Vormundschaft seiner Mutter, Blanka von Kastilien, die Regierung, war befreundet mit dem Scholastiker Thomas von Aquin, förderte Kunst und Wissenschaft, gründete 1250 die Pariser Universität, die «Sorbonne», verband durch seine Heirat mit Marguerite von der Provence Nord- und Südfrankreich enger miteinander. Bekannt ist seine Begegnung mit Franziskus von Assisi, wie sie uns legendenhaft in den «Fioretti» überliefert wird.

Ludwig XIII. (1601–1643), französischer König von 1610 bis 1643, nahm 1624 Kardinal Richelieu zu seinem Ratgeber.

Ludwig XIV. (1638–1715), französischer König von 1643 bis 1715. Er übernahm 1661 die Regierung und setzte die Politik von Richelieu und Mazarin fort, um Frankreichs Machtstellung zu konsolidieren. Sein Königtum empfand er als ein ihm von Gott auferlegtes Amt, für das er nur Gott allein die Verantwortung schulde. Er wurde dadurch zum Begründer des Absolutismus. Der ihm zugeschriebene Satz: «L'Etat c'est moi – Ich bin der Staat», will besagen, daß der König in seiner Person den Staat repräsentiere und einer Sonne gleich Mittelpunkt des ganzen staatlichen und nationalen Lebens sei. Daher sein Beiname «Sonnenkönig». Ausgehend von dem Grundsatz: «Un roi, une loi, une foi – Ein König, ein Gesetz, ein Glaube», hob er 1685 das Edikt von Nantes auf, so daß viele Hugenotten, darunter zahlreiche Handwerker, auswanderten und teilweise in Deutschland eine neue Heimat fanden. Trotz der problematischen Ergebnisse seiner Innen- und Außenpolitik war Ludwig XIV. die maßgebende Herrscherpersönlichkeit seiner Zeit, die als Zeitalter der französischen Klassik das ganze europäische Kulturleben entscheidend beeinflußte.

Ludwig XV. (1710–1774), als Urenkel von Ludwig XIV. seit 1705 französischer König. Er überließ die Regierung weitgehend seinen Ministern; auch Madame Pompadour übte einen beträchtlichen Einfluß auf die Regierungsgeschäfte aus. 1771 löste er die Parlamente auf, wodurch er eine der historischen Bedingungen für den Ausbruch der Französischen Revolution schuf. Gegen Ende seines Lebens widmete er sich nur noch der Jagdleidenschaft und seiner neuen Geliebten, Madame Du Barry. Seine Verschwendungssucht, seine Mätressenwirtschaft und die durch ihn begünstigte Mißwirtschaft des ganzen staatlichen Lebens («Après nous le déluge!») diskreditierten im Volke seine Person und die Institution des Königtums.

Ludwig XVI. (1754–1793), als Enkel Ludwigs XV. französischer König von 1774 bis 1792, vermählt mit Marie-Antoinette, Tochter der Kaiserin Maria-Theresia. Persönlich war er integer, aber politisch ein Schwächling und geistig begrenzt, so daß er sich angesichts der Zeichen der Zeit zu keinen wirksamen Entschlüssen aufraffen und dadurch den Ausbruch der Revolution nicht verhindern konnte. Als am 10. August 1792 die Pariser Bevölkerung die Tuilerien erstürmte (Tod der Schweizergarde) wird das Königtum suspendiert und Ludwig XVI. mit seiner Familie im Temple (Staatsgefängnis, ursprünglich Ordenshaus der Templer) gefangengesetzt. Im Oktober 1792 wird der Prozeß gegen Ludwig XVI. eröffnet; dem König werden landesverräterische Beziehungen zu den Emigranten nachgewiesen. Am 17. Januar 1793 wird er in namentlicher Abstimmung zum Tode verurteilt und am 21. Januar hingerichtet.

Mansart, französische Architektenfamilie. Die beiden wichtigsten Mitglieder waren:

François (1598–1666), Hauptvertreter des französischen Klassizismus, seit 1636 «architecte du roi». Mit dem Bau des Schlosses zu Maisons-Laffitte bei Paris (1642–1651) schuf er das Hauptwerk der französischen Palastbauten im 17. Jahrhundert. Weitere Bauten: Kirche der Filles de la Visitation de Saint-Marie und Kirche und Abtei von Val-de-Grâce.

Jules (1646–1708), Großneffe und Schüler von François, seit 1678 Leiter des Versailler Schloßbaues, 1685 «premier architecte du roi». Seine wichtigsten Bauten: Grand Trianon im Park von Versailles, Hofkapelle von Versailles und der Invalidendom in Paris. Von ihm stammen auch die Entwürfe für die Place des Victoires und Place Vendôme. Sein Name lebt fort in den von ihm erstmals konstruierten Mansardendächern.

Margot, siehe Reine Margot.

Marivaux, Pierre de (1688–1763), französischer Lustspieldichter, der im Geist des 18. Jahrhunderts in einem präzismanieristischen Stil – der als «Marivaudage» ein literaturgeschichtlicher Begriff wurde – 32 Komödien schrieb, die sich meistens um Eifersüchteleien, Tändeleien und Neckereien von Liebenden drehen. Lessing hat sich in der «Hamburgischen Dramaturgie» sehr positiv über Marivaux ausgesprochen. In seinem Lustspiel «Minna von Barnhelm» hat er Elemente der Marivauxschen Komödie übernommen. Im 19. Jahrhundert gehörte Marivaux zum Repertoire aller deutschen Bühnen. Seine bekannteste Komödie «Le Jeu de l'amour et du hasard» trifft man auch heute noch auf dem Spielplan der Comédie-Française.

Mazarine. Name der ältesten öffentlichen Bibliothek Frankreichs. Ursprünglich war sie die Privatbibliothek von Kardinal Mazarin und wurde 1643 dem Publikum öffentlich zugänglich gemacht. Heute ist sie mit der Bibliothek des Institut de France vereinigt. Ihr Bestand umfaßt unter anderem 2000 Inkunabeln und 5000 Manuskripte. Heute konzentrieren sich ihre Neuerwerbungen auf die Geschichte Frankreichs und die Pariser Lokalgeschichte.

«Menteur», Lustspiel von Pierre Corneille aus dem Jahre 1642.

Mercier, Louis-Sébastien (1740–1814). Pariser Literat und Verfasser des kulturhistorisch aufschlußreichen Werkes «Tableau de Paris».

Modigliani, Amadeo (1884–1920), ein Maler, der in Livorno geboren wurde, aber 1906 nach Paris übersiedelte und zusammen mit Soutin, Pascin, Kisling zu den bekanntesten «Montparnassiens» gehörte. Seinen eigentlichen Stil, durch den er später weltberühmt wurde, fand er erst gegen 1915. In den fünf Jahren vor seinem Tode malte er im tiefsten materiellen Elend jene einige hundert Bilder, an denen später der Kunsthandel Millionen verdiente.

«Mohicans de Paris», umfangreicher Roman von Alexander Dumas père, erschienen 1854–1858, worin das Zeitalter König Karls X. (1824–1830) und die Vorgänge, die zur Julirevolution führten, geschildert werden.

Molière, Jean-Baptiste (1622–1673), französischer Komödiendichter, der als Schöpfer der europäischen Charakterkomödie der Weltliteratur angehört. Ursprünglich von seinem Vater, einem königlichen Beamten, zur Advokatenlaufbahn bestimmt, schloß er sich schon früh einer Schauspielergesellschaft an und wurde bald deren eigentlicher künstlerischer Leiter. Obwohl er vom König bis zu einem gewissen Grade protegiert wurde, blieb für die feudale Gesellschaft Molière doch nur ein «Spaßmacher». Zudem verübelte es ihm diese Gesellschaft, daß er ihre Schwächen und oft auch ihre Lebenslügen demaskierte. Keiner seiner Zeitgenossen hat die wahre Größe dieses Mannes erkannt, der als eigentlicher Nationaldichter Frankreichs anzusprechen ist. Zu seinen Hauptwerken zählen: «Les Précieuses ridicules», «L'Ecole des femmes», «Le Tartuffe», «L'Avare», «Le Médecin malgré lui», «Le Malade imaginaire». Es ist voll tiefer Symbolik, daß Molière während einer Vorstellung von «Le Malade imaginaire», in der er die Titelrolle spielte, auf offener Bühne starb.

Moreau le Jeune, Jean-Michel (1741–1814), Zeichner, Radierer und Maler. 1770 «Dessinateur des Menus-Plaisirs du Roi» als Nachfolger von Cochin, später «Dessinateur et graveur du Cabinet du Roi» mit Wohnung im Louvre. Das graphische Werk Moreaus umfaßt nahezu 2000 Blätter.

«Mystères de Paris», Roman von Eugène Sue (1804–1857), erschienen 1842/43. Das Werk, das zunächst im «Journal des Débats» erschien, ist einer der ersten Feuilletonromane der französischen Literatur und setzt sich aus einer Fülle von farbenprächtigen Episodenschilderungen zusammen. Die Hauptheldin, Fleur-de-Marie, ein unglückliches junges Mädchen, das von seiner bösartigen Pflegemutter zur Prostitution gezwungen wird, findet ihren treuen Beschützer in Rodolph, einem als Arbeiter verkleideten deutschen Adeligen (Großherzog Rudolf von Gerolstein), der, um ein früheres Vergehen zu sühnen, in den Niederungen von Paris Unglücklichen hilft, Unschuldige bewahrt und Verbrechen verfolgt. Schließlich stellt sich heraus, daß Fleur-de-Marie Rodolphs Tochter ist. Sie kehrt mit ihrem Vater auf das Schloß Gerolstein zurück, kann ihre grausame Vergangenheit nicht verwinden, verzichtet auf Liebe und Heirat und geht in ein Kloster. Eine Unmenge von Personen werden vom Autor in die Handlung gebracht: Chouette (die Eule), der «Schulmeister», Chourineur (der Messerstecher), ein bekehrter großherziger Mörder, dann der Pförtner Pipelet, eine so volkstümliche Gestalt, daß sein Name zur Berufsbezeichnung geworden ist. In Sues Roman wird erstmals das Elend der niederen Schichten realistisch geschildert. Durch mutige Kritik der öffentlichen Situation machte er seinen Roman zu einem Echo der humanitären und sozialen Strömungen der vierziger Jahre, die in der Revolution von 1848 ihren Höhepunkt finden. Den «Mystères de Paris» war ein durchschlagender Erfolg in allen Schichten des französischen Volkes beschieden, und die Popularität dieses Werkes ist bis heute nicht erloschen.

Nodier, Charles (1780–1844), ein romantischer Schriftsteller größter ästhetischer Sensibilität; vor allem in seinen Spätwerken «Le Songe d'or», «La Fée aux miettes» flüchtete er sich in eine phantastische Traumwelt, so daß er von den modernen Surrealisten als einer ihrer Ahnväter anerkannt wird.

Orléans. Herzogstitel mehrerer Seitenlinien des französischen Königshauses, denen das Herzogtum Orléans verliehen wurde. Begründer des heutigen Hauses Orléans war Philipp I. (1640–1701), Bruder Ludwigs XIV. und Gemahl der Liselotte von der Pfalz. Sein Sohn Philipp II. (1674–1723) war nach 1715 Regent für Ludwig XV. Der Urenkel von Philipp II. war Philipp-Egalité. Dessen Sohn Louis-Philipp war französischer König (1830–1848). Sein Enkel, Graf Philipp von Paris (1838–1894), war Thronanwärter der Orléanisten und seit 1883 aller französischen Legitimisten und Royalisten. Träger der heutigen französischen Thronansprüche ist der Orléanist Graf Henri de Paris, geb. 1908.

Pantheon, charakteristisches Bauwerk im Quartier latin. Der Bau wurde nach Plänen von Germain Soufflot unter König Ludwig XV. im Jahre 1764 begonnen und erst 1812 vollendet. Er wurde an der Stelle der alten Abtei Saint-Geneviève errichtet und sollte weiterhin als Heiligtum der Stadtpatronin dienen. Nach Ausbruch der Revolution wurde diese Kirche in ein Pantheon verwandelt, das als Grabstätte für berühmte Männer dienen sollte; unter anderen wurden dort Mirabeau, Voltaire und Rousseau beigesetzt. Von 1806 bis 1830 und von 1851 bis 1885 diente der Bau wiederum als Kirche, und seither ist er wieder Grabstätte großer Menschen. Es ruhen darin die sterblichen Überreste von Victor Hugo, Emile Zola, Jean Jaurès. Im Innern des Bauwerkes sind die Fresken von Puvis de Chavannes, die Szenen aus dem Leben der heiligen Genoveva darstellen, besonders sehenswert.

Pas-perdus. Großer Saal im Pariser Palais de justice. Sein Name ist doppelsinnig: Die «pas perdus» sind die verlorenen Schritte, deren Echo von den Wänden widerhallt, und zugleich die verlorenen Schritte der Angeklagten.

Perrault, Claude (1613–1688), ursprünglich Arzt, wandte sich später der Architektur zu. Er ist u. a. der Erbauer des Pariser Observatoriums.

Philippe II Auguste (1165–1223), seit 1180 König von Frankreich. Er nahm zusammen mit Richard Löwenherz, König von England, am dritten Kreuzzug teil (1190/91). Er führte wichtige Verwaltungsreformen durch, befestigte und verschönerte die Stadt Paris und unterschrieb im Jahre 1200 die Gründungsurkunde der Pariser Universität.

Philipp IV., der Schöne (1268–1314), französischer König von 1285 bis 1314, stärkte die Macht der Krone, bekämpfte die Herrschaftsansprüche des Papstes Bonifatius VIII. (1294–1309) und sicherte für das französische Königtum einen großen Einfluß auf das Papsttum, weil es ihm 1309 gelang, Avignon für siebzig Jahre zur Residenzstadt der Päpste zu machen.

Pillemont, Georges, geb. 1898, französischer Schriftsteller, der Gedichte und Romane schrieb und sich daneben mit verschiedenen Büchern für die Erhaltung historischer Monumente einsetzte, so etwa in Schriften wie «Destruction de Paris» (1941), «Saccage de la France» (1943), «Demeures parisiennes en péril» (1948).

Pompadour, Jeanne Antonie Poisson, Marquise de (1721–1764), wurde 1745 die Geliebte König Ludwigs XV. Alles in allem war sie eine bedeutende Persönlichkeit, die gleichermaßen mit ihrer weiblichen Schönheit und List wie mit ihren überlegenen intellektuellen Fähigkeiten den schwachen König überspielte und bestimmenden Einfluß auf die Regierungsgeschäfte nahm. Sie protegierte den Maler François Boucher (1703–1770), der in seinen Bildern bereitwillig den Wunschvorstellungen und Wunschträumen seiner Auftraggeberin schmeichelte.

Privat d'Anglemont, Alexander (1820–1859), französischer Literat, der das Leben eines Bohemien führte. Nach seinem Tode sammelte einer seiner Freunde in die verschiedenen Zeitungen und Zeitschriften erschienen Skizzen und Artikel und gab sie 1861 unter dem Titel: «Paris inconnu» heraus.

Rambuteau, Claude Philibert Barthelot (1781–1869) war von 1833 bis 1848 Präfekt des Seine-Departements. Während seiner Amtszeit wurden der Arc de triomphe und die Madeleine-Kirche vollendet, in den Avenuen Bäume gepflanzt, öffentliche Brunnen errichtet und die große Verbindungsstraße, die von den Hallen zur Bastille führt und seinen Namen trägt, gebaut.

Régence, wörtlich «Regentschaft», bezeichnet in der Kunst die Epoche von 1715 bis 1723, da Philipp II. von Orléans für den unmündigen König Ludwig XV. die Regentschaft führte: Die schweren Barockformen werden leichter und anmutiger, in der Baukunst wird der Pilaster gegenüber der Säule bevorzugt und der Übergang vom Barock zum Rokoko eingeleitet.

Reine Margot, der volkstümliche Name für Marguerite von Valois (1553–1615), Tochter König Heinrichs II. und der Katharina von Medici. Sie heiratete König Heinrich von Navarra, der später als König Heinrich IV. den französischen Thron bestieg. Von Jugend an führte sie ein sehr freies Leben, trennte sich 1599 von Heinrich IV. und sammelte um sich einen Kreis von Literaten und Künstlern. Zu ihren Lebzeiten erschien anonym die Rahmenerzählung «Heptaméron». Seine Verfasserin ist Marguerite d'Angoulême, Königin von Navarra, geb. Prinzession von Valois (1492–1549). Da dieses Werk als unzüchtig verpönt wurde, entstand das Gerücht, die sittenlose Reine Margot sei die Autorin. Durch den «Heptaméron» wurde die vermeintliche Autorin Reine Margot besonders populär, und man nahm an, in den derben Liebesgeschichten spiegle sich Selbsterlebtes. – Alexandre Dumas père hat die Reine Margot zur Hauptgestalt des gleichnamigen Romans gemacht und damit die Legende dieser Königin popularisiert.

René. Hauptgestalt des gleichnamigen Romans von François-René de Chateaubriand. Dieser von Melancholie gesättigte Roman hatte für die französische Jugend die gleiche Bedeutung wie seinerzeit in Deutschland Goethes Werther-Roman.

Restif de la Bretonne, Nicolas (1734–1806), französischer Schriftsteller, der die Ideen der Aufklärung popularisierte und deswegen von seinen Gegnern boshafterweise «Voltaire der Kammerzofen» genannt wurde. In gewissen Werken hat er kühne pädagogische, philanthropische, sozialistische und kommunistische Ideen vertreten.

Retz, Jean-François Paul de Gondi, Cardinal de (1613–1679), war eine der farbigen Gestalten des 17. Jahrhunderts. Schüler der Jesuiten von Clermont, brillanter Student an der Sorbonne, berüchtigt durch seinen fragwürdigen Lebenswandel. 1643 wurde er zum Priester geweiht, zum Koadjutor des Erzbischofs von Paris, seines Oheims, ernannt und erhielt die Kardinalswürde. Die Umtriebe der Fronde, jener politischen Bewegung des französischen Hochadels und des Pariser Parlaments, die während der Minderjährigkeit Ludwigs XIV. das absolutistische Regiment der Königin Anna und Kardinal Mazarins bekämpfte, gaben Kardinal Retz die Möglichkeit, eine führende politische Rolle zu spielen. Immer im Mittelpunkt der Intrigen, schloß er sich nacheinander allen Gruppen und Parteien an, wie es gerade sein persönliches Interesse verlangte. Nach der Wiederherstellung der königlichen Gewalt wurde er im Jahre 1652 gefangen gesetzt und entfloh 1654 nach Rom. Nach dem Tode Mazarins kehrte er 1661 nach Paris zurück. Um die Gunst des Königs zu gewinnen, demissionierte er als Erzbischof von Paris und erhielt dafür die Abtei Saint-Denis. Kardinal de Retz war ein Schriftsteller von Rang; berühmt wurde er durch seine Memoiren, die über ihren historischen Quellenwert hinaus eine große Bedeutung als literarisches Kunstwerk beanspruchen und den Verfasser als einen Weltmann voller Lebensklugheit erscheinen lassen. Die dreibändige, deutsche Ausgabe seiner Memoiren, erschienen im Jahr 1913, besorgte B. Rüttenauer.

Rimbaud, Arthur (1854–1891), französischer Lyriker, schrieb seine Gedichte, die die Magna Charta der modernen Lyrik bilden, im Alter zwischen fünfzehn und neunzehn Jahren. Diese Gedichte werden auch heute noch je nach dem Standpunkt des Lesers apokalyptisch, nihilistisch, religiös oder artistisch gedeutet. Allseits einig ist man sich nur über die Staunen erregende Intensität seiner dichterischen Aussage. Rimbaud, der seit seinem neunzehnten Lebensjahr ein unstetes Wanderleben führte und eine Zeitlang in leidenschaftlicher Freundschaft mit Paul Verlaine verbunden war, verkörpert den vorweggenommenen Typus des modernen Menschen, der die totale Freiheit zu realisieren versucht.

Romains, Jules, geb. 1885. Französischer Schriftsteller von hohem Rang und Mitglied der Académie française. Er wurde vor allem durch sein 27 Bände umfassendes Romanwerk «Homme de bonne volonté» berühmt, das in den Jahren 1932–1946 erschien und ein gewaltiges Panorama der französischen Gesellschaft und der französischen Denkart zwischen 1908 und 1933 entwirft.

Roy, Claude (geb. 1915), Lyriker, Romanschriftsteller, Essayist. Als Lyriker ist er vom Surrealismus beeinflußt; seine Prosa zeichnet sich durch einen sprachlich präzisen Stil aus, der das Spiel mit Paradoxen und überraschenden Formulierungen liebt. In deutscher Übersetzung liegt von ihm der Roman «Léone» (1968) vor.

Sade, Donatien Alphonse François, Marquis de (1740–1814), verbrachte wegen sexueller Vergehen, später wegen seiner Veröffentlichungen siebenundzwanzig Jahre in Gefängnissen. Von 1801 bis zu seinem Tod war er in der Irrenanstalt Charenton interniert. Dort wurden nicht nur Kranke, sondern auch Leute untergebracht, die sich durch ihr Verhalten in der Gesellschaft unmöglich gemacht hatten oder «die Laster geübt hatten, deren Offenbarung sich nicht für das öffentliche Gerichtsverfahren schickte». Sade hatte in Charenton Gelegenheit, im Kreis der Patienten Schauspiele zu inszenieren und selbst als Schauspieler auf der Bühne zu erscheinen. In den höheren Pariser Kreisen galt es als ein exklusives Vergnügen, Sades Vorstellungen in dem «Schlupfwinkel für den moralischen Auswurf der bürgerlichen Gesellschaft» zu besuchen. Als Schriftsteller und Philosoph vertritt Sade einen kompromißlosen Individualismus, weil er darin die einzig mögliche Form der totalen Freiheit sieht. Sade kennt im moralischen Sinn weder Gut noch Bös, sondern nur die «Natur», die zur Selbstverwirklichung drängt. Auch das nach traditionellen Anschauungen «Böse» ist ein Stück Natur; seiner Verwirklichung dürfen keine Grenzen gesetzt werden. Mord, Folter, Grausamkeit und Sexualität sind Formen der Selbstverwirklichung. Da jede Gefühlsregung die zielstrebige Selbstverwirklichung mildert, darf kein Akt, auch nicht die Ausschweifung, von Lustempfindungen begleitet sein. Der französische Kritiker Charles Augustin de Sainte-Beuve hat als erster erkannt, daß Sade mit seiner Forderung, die Literatur habe alles, auch das Schauererregendste und Krankhafteste zu schildern, ein Vorläufer der Literatur des 19. Jahrhunderts ist. Flaubert, Baudelaire, Verlaine, Apollinaire u.a. bewundern Sade wegen seines Mutes, der menschlichen Bosheit und Schlechtigkeit bis in ihre letzte Konsequenz nachzuspüren. Sein literarisches Werk wurde wegen seiner Amoralität lange Zeit durch alle Zensuren unterdrückt. Erst die Kritik des 20. Jahrhunderts hat die Bedeutung seiner geistigen Revolte gegen die Gesellschaft und gegen Gott erkannt. Sades dialektische Vorstellungen über die Selbstbehauptung des Individiums und über die gewalttätige Revolution sind von Peter Weiß im Drama: «Die Verfolgung und Ermordung Jean-Paul Marats durch die Schauspielgruppe des Hospizes zu Charenton unter Anleitung des Herrn de Sade» eindrücklich verarbeitet und dargelegt worden.

Scarron, Paul (1610–1660), französischer Dichter und Romanschriftsteller. Berühmt wurde er durch seine satirischen Verse und Travestien. In seinem «Virgile travesti» hat er die Äneis des römischen Epikers Virgil zu einem komischen Epos umgeformt, das seinerseits dem Wiener Johann Alois Blumauer als Vorbild für dessen äußerst gelungene Travestie der Äneis diente (1784). Sein bedeutendstes Prosawerk ist «Le Roman comique», eine an gelungenen lustigen und ernsten Stellen überreiche Schilderung des Wanderlebens einer Schauspielertruppe. Anregungen aus seinem Roman wirkten in Goethes «Wilhelm Meister» nach.

Scotto, Vincent (1876–1952), ein in Marseille geborener französischer Komponist, der durch seine populären Chansons berühmt wurde, darunter «Sous les ponts de Paris» und «J'ai deux amours».

Scudéry, Magdaleine de (1607–1701). Sie war eine erfolgreiche französische Literatin und eine der namhaftesten Vertreterinnen der «Préciosité», der jene schöngeistigen Frauen huldigten, die von Molière in der Komödie «Les Précieuses ridicules» mit Spott übergossen wurden. Berühmt waren ihre Samstagsgesellschaften, zu denen sich alle geistig führenden Persönlichkeiten des Hofes und der Stadt einfanden. Ihr literarisches Hauptwerk war «Artamène ou le Grand Cyrus», ein Fortsetzungsroman in 10 Bänden, zugleich ein Schlüsselroman: Der Große Cyrus ist der Feldherr Louis II., Prinz von Condé, genannt der «Große Condé». Der Roman «Cyrus» war der «Bestseller» der französischen Literatur des 17. Jahrhunderts.

Sévigné, Marie de Rabutin-Chantal, Marquise de (1626–1696), französische Schriftstellerin. Die Briefe an ihre Tochter Françoise de Grignan, geschrieben in den Jahren 1671 bis 1696, waren nicht für die Öffentlichkeit bestimmt. Sie sind in fliegender Hast niedergeschrieben und vielleicht gerade deshalb von einer bezaubernden Anmut, so daß sie heute noch eine außergewöhnlich anregende Lektüre bilden. Madame de Sévigné berichtete über die Ereignisse in Paris, am Hof, beim Theater und in der Gesellschaft. Diese Briefsammlung zählt dank der Anschaulichkeit und Lebendigkeit des Stils, des Witzes und der Intelligenz ihrer Schreiberin zu den klassischen Denkmälern der französischen Prosa.

«Songe de Polyphile» (Der Traum des Polyphilus). Im Jahre 1499 erschien in der Offizin des berühmtesten venezianischen Buchdruckers Aldus Manutius (1449–1515) ein Buch, das den Titel trug: «Hypnerotomachia Poliphili» und mit prachtvollen Holzschnitten illustriert war. Die «Hypnerotomachia», dieser «Traumliebeskampf des Polyphilus», ist ein allegorisch-mystischer Roman, ein dichterisches Hauptwerk der Renaissanceliteratur. Sein Verfasser ist der Dominikaner Francesco Colonna. Er erzählt eine geträumte Wanderung durch die Welt der antiken Kunst. Liebessehnsucht, nicht Liebeserfüllung bildet das Gefühlsmotiv dieses Traumes. Der französische Dichter Charles Nodier hat sich durch die «Hypnerotomachia» und durch die Erlesenheit dieses Manutius-Druckes, der in der Fachwelt zu den schönsten Druckwerken aller Zeiten zählt, zu der kleinen, aber dichterisch entzückenden Novelle «Franciscus Columna» inspirieren lassen. Ob Nodier diesen Druck des Aldus Manutius wirklich bei einem Bouquinisten des Pont des Arts gefunden hat, bleibe eine offene Frage.

Soufflot, Germain (1713–1780), französischer Architekt, der lange Zeit in Italien weilte, um die antiken Bauwerke zu studieren und als erster die dorischen Tempel von Paestum ausmaß. Sein architektonisches Hauptwerk ist das Pantheon in Paris, ursprünglich als Kirche der Stadtpatronin von Paris, der heiligen Genoveva (sainte Geneviève), konzipiert. Das Pantheon von Rom diente für den Pariser Bau als Archetyp.

Sterne, Laurence (1713–1768), englischer Schriftsteller, Landedelmann und aufgeklärter Theologe. Literarisch wurde er bekannt durch seine beiden großen Werke: «Leben und Meinungen des Tristam Shandy» und «Empfindsame Reise durch Frankreich und Italien». Die beiden umfangreichen Romane wurden von Lessings Freund J. J. Bode kongenial ins Deutsche übersetzt. Sterne schrieb in Ich-Form einen ganz persönlich geprägten Stil; das Handlungsgerüst wird von Erinnerungsfetzen und eingeschobenen «Meinungen» durchbrochen, die Handlung weitgehend in Dialoge aufgelöst und dadurch die Charaktere subtil nachgezeichnet. Sterne gilt mit seiner Darstellungstechnik als Vorläufer des modernen Romans.

Thiers, Louis Adolphe (1797–1877). Französischer Staatsmann und Historiker. 1836 und 1840 Ministerpräsident. Von 1871 bis 1873 Präsident der Republik. Nach der Niederwerfung des Aufstandes der Pariser Kommune (1871) verteidigte Thiers gegen eine konservative Nationalversammlung die zentralistische Regierungsform Frankreichs. In den Friedensverhandlungen nach dem Deutsch-Französischen Krieg erreichte er bei Bismarck, daß Belfort französisch blieb, beschleunigte durch rasche Abzahlung der Kriegsschuld die Räumung Frankreichs von den deutschen Besatzungstruppen und schuf durch die Einführung der allgemeinen Wehrpflicht die Voraussetzungen für einen Wiederaufstieg des französischen Machtprestiges.

Utrillo, Maurice (1883–1955), französischer Maler, Sohn der Suzanne Valadon, kam vom Impressionismus her und konzentrierte sich auf Pariser Straßenmotive, die schließlich fast sein einziges Thema abgaben. Seine Malerei kennzeichnet sich durch die Verbindung von raffinierter impressionistischer Technik mit der Bildauffassung eines «peintre naïf».

Valéry, Paul (1871–1945). Französischer Lyriker und Essayist von höchstem Rang, wurde 1927 in die Académie française gewählt und im Jahre 1932 beauftragt, an der Sorbonne die Gedenkrede zum 100. Todesjahr Goethes zu halten. Seine sprachlich äußerst anspruchsvollen Gedichte sind teilweise durch seinen Freund Rainer Maria Rilke ins Deutsche übertragen worden.

Vallès, Jules (1832–1885), französischer Schriftsteller und Journalist und als solcher 1870 Gründer des «Crie du peuple». Literarisch am bekanntesten wurde sein im Jahre 1879 erschienener autobiographischer Roman «Jacques Vingtras».

Verlaine, Paul (1844–1896), einer der bedeutendsten Lyriker der französischen Literatur. Unter dem Einfluß Rimbauds fand er seinen eigenen Stil, den er später in dem programmatischen Gedicht «L'art poétique» im symbolistischen Sinn präzisierte. Er verlangte Befreiung des Gedichtes vom starren Reim- und Regelzwang, Sichtbarmachung der Zwischentöne («nuance, pas la couleur») und Betonung der Musikalität der Sprache. Sein Leben war von großer innerer Tragik überschattet. Bald nach seiner Heirat (1870) verfiel er dem Alkohol, kehrte sich von der bürgerlichen Gesellschaft völlig ab, wurde eine Clochard-Gestalt und starb verlassen und verarmt.

Vigny, Alfred de (1797–1863), französischer Dichter und philosophischer Denker der Romantik, ist der «klassische» Romantiker der französischen Literatur, der wegen der kühlen Formstrenge seiner Sprache heute noch bewundert wird.

Villon, François (1431–1464), französischer Dichter, der historisch als der erste große französische Lyriker von Weltrang gilt, weil sein ganzes lyrisches Werk aus erlittenem Dasein geschaffen wurde. Sein Hauptwerk «Le Grand Testament» («Das große Testament») ist das erste geniale europäische Meisterwerk persönlicher Gefühlslyrik. Er benutzt die formalen Ausdrucksmöglichkeiten der zeitgenössischen literarischen Moden zu Mitteln echter Äußerungen seines Innenlebens. Sein Schmerz, sein Hohn, seine Verzweiflung, zynisches Gebaren und Gerede sind lebensecht und spiegeln die Tragik seines Lebens. Als Sohn armer Handwerksleute litt er zeit seines Lebens bittere Not und forderte darum durch die Keckheit, Frechheit und den Zynismus seiner Verse das klerikale und feudale «Establishment» heraus. Bezeichnend für seine Geistesart, die man auch als «Gauloiserie» bezeichnet hat, ist ein Vierzeiler, den der zum Tode Verurteilte angesichts des Galgens gedichtet hat, wobei er nicht wußte, daß die Begnadigung des Königs unterwegs war:

«Franz bin ich, ein Franzose, was mich bitter kränkt,
Geboren zu Paris, das bei Pontoise liegt.
An einem klafterlangen Strick gehenkt,
Spür' ich am Hals, wie schwer mein Hintrer wiegt.»

Villons Dichtung hat der ganzen späteren europäischen «Vagantendichtung» als anregendes Urbild gedient. Bertolt Brecht hat fünf Villon-Balladen in seine «Dreigroschenoper» übernommen. Eine der besten deutschen Übersetzungen des «Großen Testaments» stammt von Walter Widmer und wurde 1949 als Band 10 der «Janus-Bibliothek der Weltliteratur» veröffentlicht.

153, 165; Alain Perceval, Paris, 22–23, 74–75, 102–103; Rapho/ roust, Paris, 25, 60–61, 91.

BILDVERZEICHNIS

	Seite
Eiffelturm	2
Notre-Dame. Stich	6
Pont au Change. Stich	9
Notre-Dame. Stich	9
Fassade von Notre-Dame. Stich	11
Blick auf den Louvre. Stich	17
Blick auf Paris. Stich	21
Die Ile de la Cité	22/23
Die Fassade von Notre-Dame	25
Querschiff von Notre-Dame	27
Der Palais de Justice	28/29
Die Sainte-Chapelle	31
Notre-Dame und Panthéon	32/33
Seineinsel Saint-Louis. Stich	36
Institut de France. Stich	39
Pont-Neuf und die Cité-Insel. Stich	39
Tour de Nesle und Palais du Louvre. Stich	42
Dorf Chaillot. Stich	43
Palais-Royal. Stich	45
Panthéon	46
Palais du Luxembourg	47
Place Furstenberg	49
Bouquinisten am Seinequai	51
Entlang den Seineufern	52/53
Institut de France	54/55
Renoir, *Quai de l'Institut*	56/57
Grab Napoleons	58
Kuppel des Invalidendoms	59
Hôtel des Invalides	60/61
Eiffelturm	63
Palais Chaillot	64/65
Champs-Elysées. Stich	68
Die Tuilerien. Stich	73
Place Louis-XV. Stich	73
Arc de Triomphe mit Champs-Elysées	74/75
Arc de Triomphe bei Nacht	76/77
Der Obelisk	79
Place de la Concorde	80/81
Brunnen auf der Place de la Concorde	82/83
Im Park der Tuilerien	84/85
Pissarro, *Die Tuilerien*	86/87
Palais du Louvre	88/89
Palais-Royal	90/91
Reiterspiele auf der Place des Vosges. Stich	99
Die Oper	102/103
Place Vendôme	104/105
Place des Vosges	106/107
Hôtel de Sully	108
Interieur im Hôtel de Sully	109
Hôtel de Rohan	110
Hôtel de Lauzun	110
Hôtel Lambert	111
Der Kanal Saint-Martin	112/113
Alte Leute	114
Seinebewohner	115
Victor Hugo. Kohlezeichnung	116
Maler auf der Straße	125
Montmartre	127/128
Utrillo, *Sacre-Cœur*	129
Moulin-Rouge	131
Rue Mouffetard	132
Der Flohmarkt	133
Im Park Bagatelle	135
Pont-Neuf. Stich	138
Gartenansicht von Schloß Versailles. Stich	150
Schloß Versailles	152/153
Theater im Schloß von Versailles	155
Spiegelsaal im Schloß von Versailles	156/157
Grand-Trianon: Schlafzimmer des Königs	158/159
Grand-Trianon: Salon des jardins	160
Grand-Trianon: Salon des glaces	161
Die Orangerie	162/163
Der Weiler von Trianon	165
Park von Versailles	167

BILDNACHWEIS

Maximilian Bruggmann, Lausanne, 76–77; Central Color, München, Umschlag hinten, 2, 84–85; Comet, Zürich, 114; Peter Cornelius, Kiel, 132 oben; Dukas, Zürich, 127; Dukas/Cartier-Bresson/Magnum, Zürich, 53; Dukas/Morath/Magnum, Zürich, 128; Dukas/Sipahioglu/Berton, Zürich, 133; Feuillie, Paris, 31; France-Commissariat général au tourisme/Alpha-Press, Paris, 28–29; France – Commissariat général au tourisme/Fronval, Paris, 27; France – Commissariat général au tourisme/Marton, Paris, 90; France – Commissariat général au tourisme/Rapho/de Hesdun, Paris, 105; Hermes, Paris, 104 oben; Machatschek, Paris, Umschlag vorn, 59, 82–83, 152–153, 165; Alain Perceval, Paris, 22–23, 74–75, 102–103; Rapho/Actualit, Paris, 58; Rapho/Belzeaux, Paris, 106–107; Rapho/Doisneau, Paris, 54–55, 112, 113; Rapho/Francastel, Paris, 49; Rapho/Serraillier, Paris, 79, 88–89, 135; Fernand Rausser, Bolligen-Bern, 125; Réalités/Connaissance des Arts/Guillemot, Paris, 111; Réalités/Connaissance des Arts/Guillot, Paris, 110 oben; Réalités/Charbonnier, Paris, 110 unten; Réalités/Desjardins, Paris, 51; Réalités/Ionesco, Paris, 52; René-Jacques, Paris, 32–33, 64–65, 80–81, 108, 109, 155, 156–157, 158–159, 160, 161, 162–163, 167; Willy Ronis, Paris, 46, 47, 63, 104 unten, 115, 131, 132 unten; Spadem, Paris, 56–57, Spadem, Paris & Cosmopress, Genève, 129; Jacques Verroust, Paris, 25, 60–61, 91.